青年领导力

QINGNIAN LINGDAOLI

主　　编 史金龙
执行主编 李　重

图书在版编目(CIP)数据

青年领导力 / 史金龙主编. —西安:西安交通大学出版社,2021.6

ISBN 978-7-5693-1997-2

Ⅰ.①青… Ⅱ.①史… Ⅲ.①领导学—青年读物 Ⅳ.①C933-49

中国版本图书馆 CIP 数据核字(2021)第 042541 号

书　　名 青年领导力
主　　编 史金龙
执行主编 李　重
责任编辑 李嫣彧
责任校对 张　娟

出版发行 西安交通大学出版社
(西安市兴庆南路 1 号　邮政编码 710048)
网　　址 http://www.xjtupress.com
电　　话 (029)82668357　82667874(发行中心)
(029)82668315(总编办)
传　　真 (029)82668280
印　　刷 西安五星印刷有限公司

开　　本 710mm×1000mm　1/16　**印张** 14.375　**字数** 184 千字
版次印次 2021 年 6 月第 1 版　2021 年 6 月第 1 次印刷
书　　号 ISBN 978-7-5693-1997-2
定　　价 58.00 元

如发现印装质量问题,请与本社发行中心联系调换。
订购热线:(029)82665248　(029)82665249
投稿热线:(029)82668525

青年兴则国家兴，青年强则国家强。青年一代有理想、有本领、有担当，国家就有前途，民族就有希望。中国梦是历史的、现实的，也是未来的；是我们这一代的，更是青年一代的。中华民族伟大复兴的中国梦终将在一代代青年的接力奋斗中变成现实。

习近平

《青年领导力》编委会

Foreword | 前言

习近平总书记强调:“青年兴则国家兴,青年强则国家强。青年一代有理想、有担当,国家就有前途,民族就有希望。”把青年一代培养造就成德智体美劳全面发展的社会主义建设者和接班人,是事关党和国家前途命运的重大战略任务,是全党的共同政治责任。做好青年工作,对确保党的事业薪火相传,确保中华民族永续发展,具有十分重要的意义。

大学肩负着人才培养、科学研究、社会服务、文化传承与创新、国际交流合作的重要使命,其中人才培养是大学的基本使命。当代大学的崇高使命就是培养未来能服务社会的、有创造力的、有教养的、适应全球化趋势的人才或精英。从领导学的意义上说,这样的人才不管从事什么样的工作,不管处在什么样的岗位上,他们都是广义上的领导人才,是一定意义上的领袖式人物。因此,大学就是培养未来领袖的摇篮,大学教育就是未来领导人才的预备教育。作为我们党和国家事业发展的生力军,青年要肩负历史使命、承担社会责任、不负民族期待,青年领导力的培养不可或缺。

当然,领导力不仅仅是指一个人的能力,更是存在于团队中的能力,在本质上是一种影响力,尤其是引导人们朝着正确方向前进的能力,组织和影响人们共同实现某种目标的能力。在基于多学科交叉、大平台建设、大项目研究、多领域合作的新时代背景下，人际合作、机构合作，包括政府主导下的个人和团队合作，成为科学研究、技术发展和社会进步的显著特征。处于这样的时代，对期望为社会做出贡献、实现自身价值的每个有志青年而言，领导力都是必须具备的能力。青年时期是发展领导力的重要时期，通过开发青年领导力，可以使青年提高对自己的理解、丰富对社会的认知，为日后创造积极进取的生活并成为具有领导力的人奠定基石。

近年来，青年领导力培育在我国兴起并受到越来越多的关注。众多青年领导力教育的理论研究者和实践者将之视为大学生思想政治教育新的平台与载体，认为青年领导力培育的开展，有助于增强高校思想政治教育的吸引力，提升大学生思想政治教育效果。本书探寻符合我国国情与时代特点的青年领导力培育理论体系及实践路径，不仅是引导我国青年领导力培育良性发展的现实需要，也是对高校思想政治教育有效性的积极探索与尝试。编辑出版这样具有重要意义的著作，我们深感力有不逮，舛错失误在所难免。希望学界对我们的工作不吝指正，俾使再版时臻于完善。

“青年是标志时代的最灵敏的晴雨表，时代的责任赋予青年，时代的光荣属于青年。”新时代是一个人人渴望成才、人人皆可成才、人人尽展其才的时代，是一个处处充满机遇、处处充满可能、处处充满梦想的时代，要着力打造适合青年人才发展的大环境，让青春的脚步遍地、青春的人才辈出。

本书可供行政管理、公共事业管理、公共管理硕士（MPA）、工商管理硕士（MBA）及相关专业学生作为领导学入门教材使用。

Contents | 目录

第一篇

未来青年领导力素描

▼

领导是地球上见得最多却对之认识最少的现象之一。

——麦格雷戈·伯恩斯

第一章　未来世界的特征与社会发展对人才的诉求

第一节　未来世界的特征

青年人往往对未来充满了极大的好奇与幻想，这种好奇与幻想既需要内在激情、目标与努力的支撑，也需要对未来世界的深层认知。因此，对未来世界基本特征的把握成为青年人进入职场或有效规划与发展职业生涯的关键基础。根据对当下及未来的思索，我们发现，伴随着全球化、知识经济和信息技术革命的浪潮，企业的生存环境越来越体现出复杂、快变、模糊和不确定的特征。青年人无论是自身创业还是加入某一个企业，都会面临环境带来的挑战。这种挑战从深层次影响着青年人的职业生涯。世界万物是由要素与关系构成的，要素与关系的不同状态决定了未来世界的状态特征，更决定了人们对世界的认知程度。而随着时代的变化，事物的构成要素越来越庞杂，其间的关系越来越呈现出非线性，千头万绪，时刻挑战着人们的认知。除此之外，要素与关系处于快变的状态，进一步加剧了人们认知世界的难度，并且不断消减人们预测未来的可能性。所以，对于即将或已经进入职场的青年人而言，环境的复杂性、快变性、模糊性和不确定性对其认知世界、有效进行人生及职业发展都是极大的挑战。在摸索中前行成为青年人职业发展的宿命，因此，认清未来世界的特征，是青年人进入职场前或有效规划与发展职业生涯时的重要任务。

一、复杂性

历史的文明和人类的活动促进了时代的发展，时代又深化了人类的历史、激发了人类的智慧。每一个时代都刻画了人类生存环境的基本特征。我们看到，时代已发生了重大变化，已由传统的工业时代转向互联网时代，进而进入了物联网时代。工业时代讲究企业的生产效率和规模，互联网时代追求交易的流量，而物联网时代则更加关注对用户的服务与深入感知，为用户创造价值。互联网及物联网时代使得各种要素与关系达到更加交互复杂的状态。当前，强调社群体验迭代的社群经济、强调利益攸关方价值共享的共享经济和强调用户体验升级的体验经济已经涌现。三种经济模式的出现，使得人及事物（务）在数量及交互上更加庞杂，其非线性关系相互嵌套，体现为整体环境具有极强的复杂性。这种复杂性极易超出人类认知的范围，成为青年人进入社会和职场的重大挑战。

二、快变性

对于世界的本质而言，永远不变的就是变化。世界不同单元的要素与关系的快速变化导致整个世界的快变性。例如，对于当前及未来的企业而言，竞争会更加激烈，创新成为企业核心竞争力的重要来源，更是企业取得成功的不二法则。因此，企业的生存环境充满不可预料的快速变化：新鲜的产品和服务，多元化的顾客需求，信息的快速传播，产品的快速销售及社会群体的非线性作用造成的突发事件，产品、技术生命周期快速缩短等都可能导致跟不上节奏的企业短命。这些变化客观要求企业具备快速应对变化的能力，更要求青年人具备适应和应对这种快速变化的能力。

三、模糊性

复杂快变的环境将引起事物之间的因果链不清晰或因太长而导致无法追踪、整体性割裂等问题，这些问题一方面使得人们无法清晰认识事物的全貌，同时造成人们对非常重要的因果关系链条的认知和理解模糊不清。这种由于因果关系不清及局部性认知所造成的人们对所发生事物意义的理解困境或多样化就叫作模糊性。一般认为，模糊性的产生包括三个方面：①事实是否清晰。如果事实本身不清晰，则很难形成对事物的准确认识，就会造成模糊性。②沟通是否充分。沟通不充分，不同个体之间的理解多样化，也会造成模糊性。③不同个体的价值观是否相同。如果价值观不同，那么也很难达成一致的认识，进而造成模糊性。作为人类认知和理解企业环境的主要问题，模糊性是管理决策的一大障碍。著名管理大师马奇（James March）专门研究企业决策中的模糊性数十年，特别强调了模糊性的概念。

四、不确定性

事物的复杂性、快变性和模糊性，导致未来事物变化状态的不可预测性，从而产生了极大的不确定性。世界环境的不确定性体现为三种类型：①状态的不确定性，指人们对环境状态信息的缺乏。②影响的不确定性，指人们对环境变化所产生影响的不可预测性。③反应的不确定性，指人们应对环境变化的不可知性。对于青年人而言，世界极大的不确定性会使其难以把握和预测事物的发展方向，从而大大减弱对世界及工作的主导性和信心，这是职业发展的终极挑战。

综上所述，未来世界处于极度的复杂性、快变性、模糊性、不确定性的四维空间中。复杂性和不确定性是指环境的本质属性和基本状态；模糊性体现了人类在认识环境过程中的多元化特征；快变性则从动态的角度描述了企业环境的动态特征，将复杂、不确定和模糊的企业环境置于一个纵向不断变化的空间中。 这四个基本特征时刻挑战着人类的思维与实践。 对于青年人而言，对未来世界这四个基本特征的认知是其职业生涯有效发展的前提。

第二节　社会发展对人才的诉求

中国改革开放 40 多年来，经济形势发展迅速。 如今，中国经济处于新常态，实施供给侧结构性改革，新动能转换，积极推进转型升级。 企业的转型与升级成为重要的推动力量。 加之处于互联网与物联网时代，企业转型升级过程中产生了众多的冲突与张力，具有极大的不确定性、模糊性、复杂性和快变性。 没有成功的企业，只有时代的企业。 在互联网、物联网时代特征下，针对当前国家经济发展的需要，社会对人才的要求也发生了重大变化，除具备基本的人才素质要求之外，还需要满足以下三点。

一、应对不确定性、复杂性、模糊性和快变性

在各类企业发展过程中，内部及外部要素的庞大数量和非线性的互动关系表现为极强的复杂性，往往超出人类认知的范围，人们需要从总体和局部进行有效把握。 然而，复杂的要素和复杂的非线性关系会迅速发生变化，这种快变性使得企业很难实时把握内外部环境的状态。 快变性的要素和非线性关系呈现出多样性，从而表现出极大的模糊性，企业很难清晰认知，最终导致极大的不确定性。 因此，有效应对企业的不确定性、复杂性、模糊性和快变性，是企业对人才的诉求。

二、对张力冲突的应对与平衡

社会处于一系列的转型与升级中，充满了众多的张力和冲突，体现为两个对立事物既相互依赖又相互冲突。 如企业既需要稳定，又需要变革；既需

要本土化，又需要全球化；既需要放权，又需要集权；既需要保持当下竞争优势，又需要追逐未来机会等。所以，企业多处于既这样又那样的两难选择、左右权衡的状态。例如，在中国企业战略转型中，无论是强调采用“灰度哲学”平衡“继承与创新”、制衡“欲望渴求与欲望节制”的华为，强调“长跑与短跑”“企业要有理想但不能理想化”的联想，还是注重在战略变革中平衡“取势与取实”的阿里巴巴，都面临战略转型中的复杂冲突与张力；在国外企业的战略转型中，强调悖论性企业价值观的日本丰田、整合既相冲突又相依赖的东西方管理模式的韩国三星，以及奉行阴阳文化的丹麦乐高均呈现出了张力式的特征。多重的张力类型及现象错综复杂，无法被化解，一直困扰着众多企业。因此，如何对张力进行应对与平衡，是企业面临的重要挑战。从人才需求上，则需要人才能够感知与识别企业发展过程中的冲突与张力，并能有效应对与管理。

三、具备企业家精神

李克强总理在2016年政府工作报告中强调：“大力弘扬创新文化，厚植创新沃土，营造敢为人先、宽容失败的良好氛围，充分激发企业家精神，调动全社会创业创新积极性，汇聚成推动发展的磅礴力量。”企业家精神是企业转型与变革的重要力量，更是中国经济转型不可缺少的动力，往往体现于企业所进行的战略创业中。企业家精神是某些个体特质在创业中的象征性体现，通常可被描述为想象力、创造力、新奇性与敏感性等反映个体特质的词汇，所以，其呈现决定于领导特质。领导特质是指广义的、并整体作用于领导行为的一般特征，包含个性、性格、价值观、动机、能力及行为模式等。领导特质不只是先天的，更可以是后天培养的。领导特质的塑造能够为激发企业家精神创造内在条件。因此，企业对人才的诉求在于从领导特质层面具备企业家精神的潜力。

第二章　当代青年成长应关注的问题

青年是国家的希望、民族的未来，当代中国青年是社会主义现代化建设事业的积极分子和主力军。当今世界正处在知识经济时代，科技和经济的竞争在各国间表现得尤为激烈，但其本质还是人才的竞争，青年人的成长成为关键。

一、成长方向不偏离

时代的发展，不同文化的交融，使得青年人的成长面临众多的诱惑与挑战。社会信息化和获取信息渠道的多元化、社会思潮的多样化对青年产生潜移默化的影响，而青年对于时代更敏感、更易冲动，新鲜事物和表面信息可能会影响他们对社会的看法，进而使成长方向发生偏离。习近平总书记高度重视青年工作、关心青年成长，曾多次通过座谈、演讲、回信等形式寄语广大青年。习近平总书记在党的十九大报告中再次寄语广大青年，满怀深情地指出："青年兴则国家兴，青年强则国家强。青年一代有理想、有本领、有担当，国家就有前途，民族就有希望。"回顾中国改革开放 40 多年，这一过程中成就的企业家都能体现出青年时代潜力培养的重要性。例如，海尔集团的张瑞敏在成长过程中受家庭、教育等因素的影响，形成了"责任"特质，并不断积淀、固化，最终决定了他的成长方向。从 1984 年张瑞敏临危受命出任青岛日用电器厂厂长，到打造中国的国际化品牌，再到探索自主经营体管理模式，都体现了张瑞敏对社会、企业及个人的责任。张瑞敏特别强调要做中国的国际化品牌及探索“人单合一”管理模式，这些均体现了他内心的“责任”。新时代青年成长成才之“法”在于信念坚定、志存高远。所谓“法”，即实现人生价值的指导方针和思路引领，解决的是青年成长成才方向指引和人生航向的问题。“功崇惟志，业广惟勤”，理想指引人生方向，信念决定事业成败。没有理想信念，就会导致精神上“缺钙”。“理想信念动摇是最危险的动摇，理想信念滑坡是最危险的滑坡。”只有心中有了坚定的信仰，成长方向不偏离，脚下才会有更强劲的力量。

二、成长动力不缺失

虽然成长动力的产生来自目标与方向的驱动，然而，环境的复杂性、快变性、模糊性和不确定性对青年人产生了极大的挑战，会消减对未来的预测可能性，因此，这种羁绊往往会影响仅仅依靠目标与方向产生的成长动力。所以，除目标和方向产生的成长动力之外，青年人学习与反思所带来的成长动力与保障也十分重要。学习与反思是一对相互嵌套的行为方式，学而不思则罔，思而不学则殆。然而，由于移动互联网的到来，海量的信息扑面而来，使得青年人的学习渠道和学习方式发生了重大改变。学习渠道由传统有限的纸质载体转变为无限的海量网络载体，学习方式由传统的教材学习转变为实时的互联网学习。青年人为未来的知识储备与学习将转变为未来知识随用随时从网络中获取的状态，从而极大削弱了青年人学习的意愿和对知识思考的深度。因此，在这样一个“什么都可以知道”的互联网时代，更要强调学习和反思的重要性，拒绝“知识等待和思考肤浅”，强化成长的动力。这种通过学习和反思所提供的成长动力从本源上又能够清晰和强化未来的目标与方向，从而明确目标与方向所产生的成长动力。例如，海尔集团董事局主席张瑞敏先生，在年轻时代，每天下班后骑自行车去夜大学习，博览群书，不断反思时代的特点，更加清晰和强化自己的目标与方向，有效驱动了自己的成长。

三、思维认知无弱化

移动互联网所带来的海量信息充盈着青年人的视域，信息饱满使得知识随时可得，这种信息随时可得的状态往往会引起青年人的思维惰性，极度弱化了青年人的认知。海量的信息让人类什么都可以了解和知道，但这往往等于什么都不知道。正是由于复杂快变的环境会引起事物之间的因果链不清晰或因太长而导致无法追踪、整体性割裂等问题，时时挑战着人类的思维与认知，则需要青年人具有强烈的思维认知能力，才能透视环境极大的模糊性。所以，思维的认知对于青年而言，成为准确认知世界的关键。例如，年轻时的张瑞敏，具有强大的思维与认知能力，受到道家思想的影响，具备了“思方行圆”特质，这种认知世界的方式，使他能游刃有余地处理各种冲突或危机。

四、事务处理要有效

事务处理的有效性是青年领导力的外在体现之一。如前文所述，当前企业发展过程中充满了多重的张力与冲突，青年需要有效应对与平衡这些张力与冲突，从而解决相关事务。这里特别强调两点。第一，事务处理的有效取决于青年的一些内在特质，这些特质决定了处理事务时的一种态度和能力，例如，年轻时的张瑞敏处理事务时所体现的一些领导特质：创新、认真、果断、坚韧、自信、远见等，均体现了张瑞敏在处理事务时的境界。第二，事务处理的有效取决于青年的一些外在特质，拥有外在特质的青年，能基于对情境的认知与把握，根据情境，呈现出适宜情境的特质，做出有效的行为。如何基于情境有效呈现适宜的特质，是青年处理事务是否有效的关键。如年轻时的张瑞敏就具备了谨慎与冒险、强势与柔和、朴实与机智等相互矛盾的特质，并具备“思方行圆”特质。有学者把“思方行圆”等特质界定为组合型特质（composite trait），指包含两组或两组以上的相互矛盾含义的特质，能根据情境呈现出适宜的特质含义。如“谨慎”还是“冒险”，“强势”还是“柔和”，“朴实”还是“机智”等。所以，有效处理事务是当代青年成长应关注的关键问题之一。

第三章　未来青年领导力的画像

第一节　领导力渊源与发展

纵观古今，领导(leadership)发生于特定的社会群体中，是一种不可脱离于社会情境而具有本土属性的社会现象。 领导是一个悠久的话题，在古老的原始部落中，就已经产生了。 早在古希腊时期，领导就成为备受关注的论题。 伯恩斯（Burns）认为领导是地球上见得最多却对之认识最少的现象之一。 对领导的研究和人类文明出现的时间几乎是同步的，一直没有停止过。20 世纪初，对领导的研究更加突出，各种各样的领导理论扑面而来。

领导研究经历了特质—行为—权变及以变革型领导为代表的新领导理论的发展历程，视角颇多，硕果累累，领导丛林已经形成，领导研究一片繁荣。

领导、环境及企业具有天然的互动关系，三者的互动决定了企业的有效发展。 基于关注环境、企业及领导（E-O-L）的互动，我们诠释领导者在战略设计、执行两个层面的领导力。 领导力具有相对性，相对于企业来讲能够为企业带来绩效，并能实现企业的愿景，相对于被领导者来讲，能够使被领导者高意愿地完成相应任务，支持企业的绩效。 企业高绩效一定存在被领导者高意愿，但是，被领导者高意愿不一定存在企业高绩效，企业高绩效包含了被领导者的高意愿，所以，领导有效性在于影响被领导者的高意愿，从而最终表现为企业的高绩效。 企业绩效决定于战略与执行的辩证统一，即领导者基于愿景与环境的战略设计与被领导者的执行之间的辩证统一。 战略设计的正确与否决定于领导者与环境及企业的互动，被领导者的执行力决定于其意愿、能力及领导者为之所创造的空间与条件的统一。 所以，当战略正确时，执行力越强，企业绩效就越高，反之，执行力越弱，企业绩效越低；当战略错误时，执行力越强，企业绩效就越弱，反之，执行力越弱，能给予领导者与被领导者思考的时间与空间，此时，执行力对战略可能具有破坏性改进作用，可能保证了企业的高绩效。 所以，领导力体现为两个层面，一是战略领导力，另一个是执行领导力。 在某一情境中，这两个层面的领导力借助领导者的特质和行为这两种要素发挥其有效性，如图 3-1 所示。

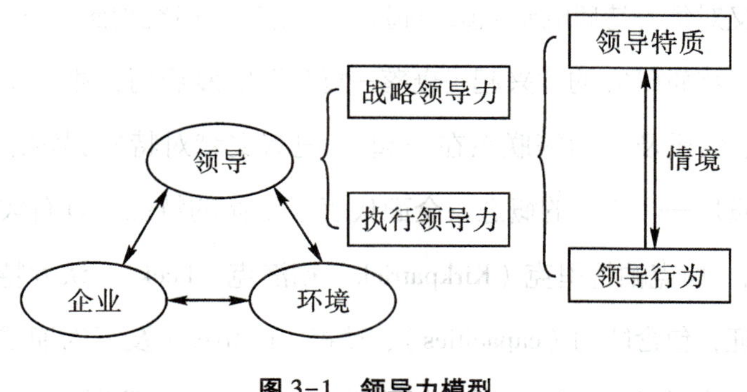

图 3-1　领导力模型

从图 3-1 可以看出，基于“领导—企业（内）—环境（外）”的互动，战略领导力和执行领导力发挥作用的核心是处于情境中的领导特质与领导行为这两个要素的相互影响。 领导特质引导领导行为，而领导行为又可以塑造领导特质，即领导特质和领导行为都对领导力发挥起到关键作用，而情境起到的是调节作用，企业绩效则是它们的最终呈现。 因此，青年领导力培养的关键在于从领导者内在的特质要素层面及其相应的行为要素层面来进行。

第二节　领导特质与领导行为的研究

领导特质研究最早可以追溯到高尔顿（Galton）的研究，他认为领导特质是天生或遗传的。19 世纪末 20 世纪初，领导特质研究一直处于领导研究的主导地位。其研究的兴盛一直持续到 20 世纪 40 年代，基于斯托克蒂尔（R. M. Stogdill）对领导特质研究的回顾与反思，学界发现领导特质研究没有与领导行为及情境进行有效结合而存在研究的孤立性，领导特质研究随之衰落。直到 20 世纪 80 年代，魅力型领导及变革型领导出现，在关注领导行为与情境的基础上又对领导特质的研究重视起来，领导特质研究得到复苏。

在领导特质研究的“兴起—衰落—复苏”的发展历程中，特质经常与人格、性格、气质及能力等联系在一起。已有文献对特质界定出三个特点。第一，特质是一个广义的概念，全面代表了个体的特征，具有较强的综合性和广泛性。柯克帕特里克（Kirkpatrick）和洛克（Locke）认为特质是指个体的一般特征，包含能力（capacities）、动机（motives）及行为模式（patterns of behavior）；尤克尔（Yukl）认为特质是个体的一系列特征，包含个性（personality）、性格（temperament）、需要（needs）、动机（motives）和价值观（values）等；卡辛（Kassin）认为特质是个体的行为模式、思维及情绪。这些界定都体现了特质范畴的综合和广泛。第二，特质之间具有复杂的、一致的关系，综合作用于领导。这一特点体现于扎卡罗（Zaccaro）等对特质的界定，他认为特质是稳定且可跨越企业情境相互影响并统一为整体的个人特征。第三，特质是作用于行为的。这一特点体现于加齐亚（Garzia）的界定，他认为特质是具有个体差异并能影响行为的个人特征。综合特质的这些界定特点，本研究认为特质是广义的并整体作用于个体行为的一般特征。

相对于领导特质研究“兴起—衰落—复苏”的曲线发展，领导行为研究则大体呈线性发展之势。事实上，有相当一部分的领导学家甚至将领导特质研究归为领导行为早期研究的一种。20 世纪三四十年代，随着社会心理学体系的逐步建立，以勒温（Kurt Lewin）和斯托克蒂尔等人为代表，从行为方式的角度重点研究领导者在领导活动中的作用方式和效果，从而将领导行为研究确定为一个重要的领导学研究流派并作为主要研究领域纳入领导学研究的汪洋之中。区别于一般性的领导特质，领导行为尤其是经权变理论糅合而成的现当代领导行为研究，强调领导者个体行为在情境中的特殊性。

领导特质研究是基于发现有效领导者的特质而展开的，对于青年领导力的培养而言，领导特质的培养是关键。然而，领导特质标签的繁杂让实践者无所适从。不仅现实中领导特质词汇标签繁杂多乱，而且领导特质研究中各种特质标签频出。本研究发现，专门研究领导力的国际顶级期刊《领导力季刊》（*The Leadership Quarterly*）在 1991—2018 年发表的论文，以及其他期刊文献中，所涉及的领导特质词汇不计其数。伯德（Bird）（1940）提出了 79 种，斯托克蒂尔提出了 32 种，巴斯（Bass）（1990）提出了 10 种，柯克帕特里克和洛克（1991）提出了 3 种，尤克尔和范弗里特（Van Fleet）（1992）提出了 5 种，霍根（Hogan）等（1994）提出了 3 种，豪斯（House）和阿迪蒂亚（Aditya）提出了 4 种，诺思豪斯（Northouse）（2012）提出了 4 种……回顾已有文献，近 20 年来平均每年都会有至少 10 个特质词汇出现。随着研究的推进，琳琅满目的领导特质标签扑面而来，使研究者陷入特质词汇的迷茫识别状态，也使实践者不知所措。一种特质对领导的影响是必要的，但不是充分的，没有一个单独的特质能够孤立起来，以区别领导者与成员。不同特质之间是相互作用的，过程性地共同作用于领导。扎卡罗（2007）强调领导特质研究需要从单一、片段向整体、过程转变。要对特质进行整体、过程的把握，需要对特质进行有效的聚类，尤其是要把握领导者成长过程中特质的聚类和关系。

有些学者对繁杂的特质标签进行了分类。最为常见的特质分类应是戈尔德伯格（Goldberg）对大五特质的归类：外向性（extraversion）、随和性（agreeableness）、尽责性（conscientiousness）、神经质（neuroticism）、开放性（openness）。大五特质对特质理论的发展起到了推进作用，但也遭到了很多的批判和质疑，对其最为突出的一种批判就是其分类是基于问卷调查统计进行归纳而来的。同时，麦克亚当斯（McAdams）认为大五特质在概念及经验层面是不尽合理的，分类太宽泛以至于很难有效洞察个体的行为。另外，萨尔加多（Salgado）从语言角度对大五特质提出了质疑，因为大五特质的归纳是基于盎格鲁-日耳曼语言（Anglo-Germanic languages）体系而来，在其他语言及文化下很难普及。领导研究者之所以信赖大五特质是因为它为领导特质研究提供了有效的启发，但并不代表其他的分析框架是无用的。从多个批评和质疑来看，大五特质的分类是基于特质静态的观点对已有的特质标签进行了整合，对于领导者成长过程中的特质聚类、变化及关系是缺乏解释力的。另一种对领导特质的分类是扎卡罗等的分类。他们对以往研究所提出的特质进行了梳理，整理出了十八种领导特质，并对这十八种特质进行了整合，归纳为五种特质，即认知能力、个性、动机、社交能力、问题解决能力及潜藏知识，基于对领导有效性的影响，又把五种特质归纳为两类特质，即远离事务行为的远端（distal）特质和接近事务行为的近端（proximal）特质。他们认为认知能力、个性及动机是远端特质，社交能力、问题解决能力及潜藏知识是近端特质。这种分类的目的在于阐述领导特质对领导有效性的作用过程，但该分类还是对特质持有静态的观点，而且近端与远端特质之间的相互关系并不明确，对领导产生作用的过程也并不清晰。徐立国等对已有的领导特质研究进行了梳理，基于案例研究，从动态及社会化过程视角对领导特质进行了类属的探索，提出了根源型、驱动型、思维型和事务型四类领导特质。根源型特质是在家庭、教育等因素的影响下，在早期的关键事件冲击后形成的特质，带有强烈的价值判断，积淀并固化于领导者的潜意识之中，具有强烈的稳定性，是领导特质的核心层及领导者成长的根本依赖。驱动型领导特质是不带有价值性判断的领导者自身的主观行为特征，往往基于关键事件的冲击、自身的偏好等，具有较强的稳定性，是形成其他领导特质的动力基础。思维型领导特质是领导者思维意识层面的特质，形成于传统文化和区域亚文化、关键事件的冲击及根源型特质的共同影响，体现于对待事务时的思维模式，是事务型领导特质体现于行为的前提，决定了领导者面临一定情境时的特质呈现选择，具有相对稳定性。事务型领导特质是基于根源型领导特质及驱动型领导特质并在关键事件的冲击及文化影响下而产生的一类特质，是领导者对待事务时所呈现的特质，这种特质会依据思维型特质的作用，而有选择地呈现于领导行为，具有相对的动态性。这四种类型化特质的提出，既整合了已有的研究，又从动态及社会化视角超越了扎卡罗等的研究。

早期的领导行为研究依托勒温的群体实验而展开，将领导行为主要划分为独裁和民主两种。其后，美国管理学家怀特（Ralph K. White）和李皮特（Ronald Lipper）提出领导行为的三种方式，即权威式、参与式、放任式。较为知名的领导行为研究还包括俄亥俄大学的“双维”研究和密歇根大学的“两中心”研究。俄亥俄大学的“双维”研究认为，领导行为由关怀型和创立结构型组合而成。前者表现为领导者对下属需求敏感，尊重下属的想法、感受、意图，彼此之间建立相互信任；后者则以企业目标的有效达成为导向。该理论暗示最好的、最有效的领导行为就是兼顾关怀与结构、关心与任务两个方面，即“双高假说”。与此相对，密歇根大学的“两中心”研究单纯从领导效果出发，认为领导行为有两个相悖的中心导向——员工中心型与工作中心型，即领导行为要么重视下属的人性需求，要么重视绩效、目标、经费等工作达成。此外，著名的布莱克（Robert Rogers Blake）与莫顿（Jane

S. Mouton）的领导方格论（The Leadership Grid），即管理方格理论（Management Grid Theory）也是领导行为研究的著名代表。在领导行为研究逐渐成熟之后，领导权威理论（Influence Theories）逐渐发展开来，并最终激发了领导特质研究的复苏，超凡魅力领导理论（Charismatic Leadership Theory）应运而生。

20 世纪 70 年代至今，领导学研究发展到新的阶段，其基本特点是深入领导活动过程当中，开始研究领导特质及领导行为（包括领导者在领导活动中的种种表现、反应和对策），即从领导活动情境中对领导者进行动态的领导特质研究及领导行为研究。这一阶段的领导学研究包括，以菲德勒模型（Fiedler's Model）、领导者－成员交换理论（Leader－Member Exchange Theory）、路径－目标理论（Path－Goal Theory）、领导者－参与模型（Leader－Participation Model）等为代表的权变理论（Contingency Theory），以及变革理论，即变革型领导理论（Transformational Leadership）、新领导理论（New Leadership）、新兴领导理论（Emerging Leadership）等。对领导情境的强调表明，领导活动应随着环境改变来确保正确领导的形成和实施，当好一个领导者、获得好的领导绩效既不能只靠领导者单方面的特质，也不能只靠个性化的领导行为，而是取决于领导者与被领导者/下属间的相互关系，取决于领导工作的性质和难易程度，取决于领导活动所处的具体情境。

总而言之，领导特质基于情境呈现出不同的领导行为，与此同时，领导者在不同的情境中展现出的领导行为又会进一步塑造其领导特质。领导行为研究认为领导者的成功最大程度上有赖于领导者自身的行为，特别是符合领导者企业情境的领导行为，而这些行为可以通过后天培养和锻炼而成。这也是本书认为将领导行为作为要素加以培养，可催化青年领导力的塑成及提升的理论基础。因此，本书所勾勒的青年领导力画像将基于根源型、驱动型、思维型和事务型四类领导特质。此外，青年领导力培养，即青年领导力/影响力的提升，是一个螺旋上升的动态过程。

第三节 青年领导力画像

领导力表现为领导者对企业整体作用的效率和效果。长久以来，领导学及企业行为学等领域都致力于对领导力的研究，这也是现实中企业领导者关心的重要问题之一。相对传统的研究，当代领导力研究超越了传统理论仅围绕领导特质该单一变量对领导活动进行阐释的局限，重视研究领导者如何有效运用其特质与行为，促使企业中个体和整个企业文化转变。领导力研究从企业中领导者的特质、行为等视角全方位刻画领导形象，研究趋势由简单的对领导者与被领导者、情境的关系研究拓展到愿景及战略范畴的领导与企业、环境的关系综合研究。

在本书中，我们将青年领导力界定为：具备有效的根源型、驱动型、思维型和事务型特质的青年领导者通过在企业的战略和执行两个层面的领导行为以应对环境的不确定性、模糊性、复杂性与快变性，且对他人产生影响的一种过程性潜力。本定义重点强调了青年领导力的组成包括青年领导者根源型、驱动型、思维型和事务型四大领导特质要素以及为应对不确定性、模糊性、复杂性和快变性的环境而产生的领导行为要素。因此，基于青年的特点，结合领导力研究，本书界定的青年领导力画像如图 3-2 所示。

本书更进一步地认为，青年领导力的塑造和培养需要考量当代社会环境及未来世界发展的背景，且青年领导者的领导特质要素、领导行为要素及企业要素对其领导（潜）力/影响力的提升起到催化作用。在此情境下，青年领导者在企业中的战略层面和执行层面才能表现出有效的足以影响他人的领导力。而决定这一目标是否实现的是对青年领导者的领导特质要素、领导行为要素及企业要素的培养，重点是对青年领导者领导特质要素和领导行为要素的培养。

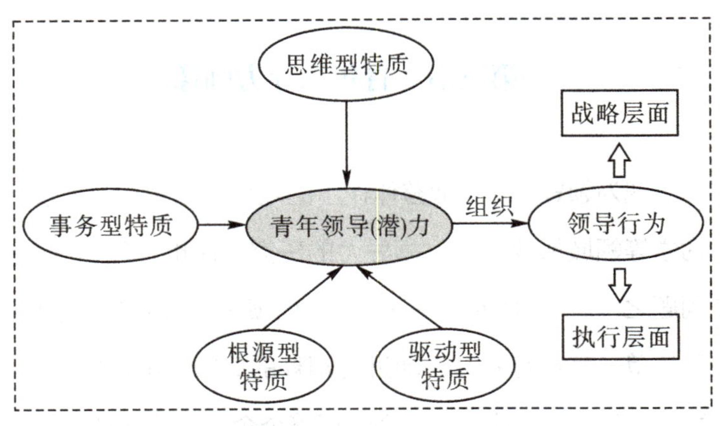

图 3-2　青年领导力画像

同时，我们认为，培养和提升青年领导力是一个螺旋上升的过程。 该过程的起点是青年领导者对自我真实、准确、全面的认知，剖析其自身在领导力水平上的不足。 在此差异基础上，通过领导特质要素、领导行为要素及企业要素的培养，催化青年领导者在企业战略和执行层面上的影响力（即领导力）提升（一阶领导力的提升）。 随着社会的不断发展，青年领导者会面临新的问题和新的挑战，一阶领导力也随之显得陈陈相因、不合时宜。 青年领导者从而会产生新的自我认知，并重复上述一阶领导力提升的催化过程，培养出新的影响力（二阶领导力的提升）。 以此类推，青年领导力不断向前发展、向上提升，如图 3-3 所示。

就青年领导者的领导特质要素而言，根源型特质、驱动型特质、思维型特质和事务型特质成为青年领导力培养的关键。 根源型特质是青年领导力的核心，带有强烈的价值判断，在青年的潜意识中，具有很强的稳定性，决定了青年的价值观和信念，从而影响了青年成长的方向，是青年成长的根本依赖。 从类型特质的相互作用关系来讲，根源型特质是青年其他领导特质形成

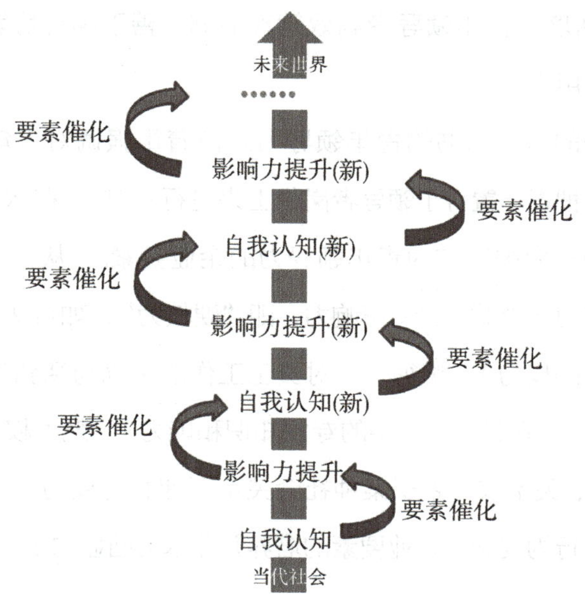

图 3-3　青年领导力的螺旋上升过程

的基础。价值观的澄清和洞察人格特质是根源型特质的重点培养要素。驱动型特质是青年不带有价值性判断的自身的主观行为，具有较强的稳定性，是其他领导特质形成的动力基础，决定了青年的成长效率。驱动型特质要素的培养需要注意青年领导者的身心素质及情绪管理。思维型特质是青年思维意识层面的特质，体现于对待事务时的思维模式，是事务型领导特质体现于行为的前提，决定了领导者面临一定情境时的特质呈现选择，具有相对稳定性。打破青年领导者的思维定势，同时，丰富其知识储备，是培养思维型特质要素的途径。事务型特质是青年对待事务时所呈现的特质，这种特质会依据思维型特质的作用，而有选择地呈现于领导行为，具有相对的动态性。培养事务型特质则需要注重培养构建青年领导者的能力框架。

就青年领导者的领导行为要素而言，作用于战略层面与执行层面的领导行为要素培养就显得举足轻重。战略层面的领导行为要素培养包括培养青年领导者明确任务目标、促使决策成功、促成团队合作。执行层面的领导行为要素培养包括培养青年领导者高效管理时间、善于沟通协调、有效激励他人、懂得识人用人。

需要说明的是，本书的青年领导力画像着重强调对青年领导潜力的培养，而非刻意把青年置身于领导者岗位上来进行观测。在本书中，与领导者岗位相关的领导力被界定为青年领导力的企业要素。从领导者岗位角度来讲，其领导权力在企业中具有影响力，即“硬权力”，如合法权（管理者岗位所赋予领导者的权力）、奖惩权（对员工工作的奖励与惩罚的权力）；“软权力”，如专家权（在某一领域中的专业知识和能力）、魅力权（自身的素养所体现的权力）、关系权（基于某种社会关系所拥有的权力）。相对于领导特质要素和领导行为要素，企业要素的培养并非本书凸显的重点内容。

第二篇

青年领导力的培养

▼

领导力的作用是培养出更多的领袖，而不是制造出更多的跟班。

——麦格雷戈·伯恩斯

综合来看，基于本书第一篇中对青年领导力的理解，即青年领导力是指具备有效的根源型、驱动型、思维型和事务型特质的青年领导者通过在企业的战略和执行两个层面的领导行为以应对环境的不确定性、模糊性、复杂性与快变性，且对他人产生影响的一种过程性潜力。本定义重点强调了青年领导力的组成包括青年领导者根源型、驱动型、思维型和事务型四大领导特质要素以及为应对不确定性、模糊性、复杂性和快变性的环境而产生的领导行为要素。因此，我们认为对青年领导力培养的关键在于对蕴藉在青年人体内的根源型、驱动型、思维型和事务型领导特质要素的提炼，以及战略和执行层面上领导行为要素的挖掘。本篇则以该内容为核心加以展开。除此以外，鉴于青年领导力的培育与发挥都不能脱离企业环境，我们在本篇最后对青年领导力的企业要素进行了补充。

第四章　领导特质要素的培养

第一节　澄清价值观

> 价值观是最终的试金石。
>
> ——彼得·德鲁克

一个人的价值观是形成卓越领导力的深层动力来源，是个体特质中的根源性特质，是青年领导力养成的心理基础。 当一个人能够保持率真的本色，拥有明确的价值观念，并且言行一致，高度自律的时候，这个人才能开始领导人，明确的价值观是领导力的根本起点。

一、何谓“价值观”

价值观，就是一个人对人对事的价值判断，通俗地讲就是“值不值”的问题。 这包括对自己、对他人、对社会，大到对国家民族的态度，小至对日常生活的看法，都能体现一个人的价值观。 不同的价值观会带来不同的态度和行为，那些你在乎的、觉得重要的、想要追求的、看重的原则、标准或品质，就是价值观的体现。 它与社会文化、家庭教育、学校教育、群体氛围、个人阅历密不可分，一旦形成，就具有相对的稳定性，一般不容易改变，它潜移默化地支配着我们的兴趣、态度、行为等。

职业价值观，是人生价值观在职业方面的具体表现，反映在对职业的认识和态度，对职业目标的追求中，是个人职业生涯的方向标。 在职业选择和职业生活中，在众多的价值取向里，优先考虑哪种价值，不仅影响个体的职业选择和定位，还影响着自身职业发展和成就。 而作为企业领导者，想用价值观影响团队成员，首先就要具备清晰、积极、有驱动力的职业价值观。“清晰”的价值观可以影响团队；“积极”的价值观能赢得认可和信任；“有驱动力”的价值观能让他人有信心并乐于追随。

企业价值观，是以企业为主的价值取向，是企业内部的绝大多数人共同认可的价值观念。 它可以是内隐或外显的，会影响到企业的行为方式、行为途径和行为目的的选择。 研究发现，个人价值观与企业价值观相似的员工，满意度更高，更可能留在企业中；价值观相似度比较低的员工，更有可能离开。 要想成为优秀的领导者，不仅要清楚自己的价值观，也要学着在其领导的人员中建立能引起共鸣的价值观，并让每一名成员对这些价值观负责。 按照彼得·德鲁特的观点，领导力是把握企业使命及动员人们围绕着使命奋斗的一种能力，这种能力更多的是体现思想的引领和行动的一致性。

因此，明确自己的价值观，了解他人的需求，引起价值观的共鸣，是成为优秀的领导者必须要思考的问题。 别人为什么要跟着你去拼，为什么这么努力？ 其中最根源、最核心的东西，是因为所做的事情，对你有意义，对他也非常有意义，是大家都不愿意放弃、不可妥协的事情，所以大家因共同的价值观走到一起，当一个人可以用价值观引导他人追随时，他才可能成为一名真正的领导者。

价值观：在生活和工作中，我们所看重的原则、标准和品质。它指向我们内心最重要的东西，是不同事情在我们心中按照重要程度的排序，是我们强大的内在驱动力，是引导行为的方向，是自我激励的机制。

二、价值观的类型

价值观的研究起源于个人价值观的研究。奥尔波特（Gordon Willard Allport）是最早对个人价值观进行分类的学者，他把个人的价值观分为六大类型：①理性价值观，以知识和真理为中心，强调通过理性批判的方式发现真理；②唯美的价值观，以形式、和谐为中心，强调对审美、对美的追求；③政治性价值观，以权力地位为中心，强调权力的获取和影响力；④社会性价值观，以群体他人为中心，强调人与人之间的友好、博爱；⑤经济价值观，以有效实惠为中心，强调功利性和实务性，追求经济利益；⑥宗教性价值观，以信仰教义为中心，强调经验的一致性及对宇宙和自身的了解。为此他还设计了一套问卷，让受试者对上述这六种价值观进行排序，研究者就可以归纳他们的价值系统。根据这种方法，研究者发现了从事不同职业的人对这六种价值观的重视程度各不相同。

社会学家米尔顿·罗克奇（Milton Rokeach）于1973年提出，各种价值观是按一定的逻辑意义联结在一起的，它们按一定的结构层次或价值系统而存在，价值系统是沿着价值观的重要性程度的连续体而形成的层次序列。他将价值观分为工具价值观和终极价值观。他认为这些价值观几乎跨越了文化的差异，具有普遍性。工具价值观也称为手段价值观，即行为模式，是达到理想化终极状态所采用的行为方式或手段。包含的内容有：有抱负、心胸宽广、有才能、快活、整洁、勇敢、助人、诚实、富于想象、独立、有理智、有逻辑性、钟情、顺从、有教养、负责任、自控、仁慈。终极价值观也称为结果价值观，即相信某种目标或者结果是值得去追求的。包含的内容有：舒适的生活、振奋的生活、成就感、和平的世界、美丽的世界、平等、家庭保障、自由、幸福、内心平静、成熟的爱、国家安全、享乐、灵魂得到拯救、自尊、社会承认、真正的友谊、智慧。他认为，尽管每个人都同时具备工具价值观和终极价值观，但是每个人对于价值观的优先顺序是不同的，这样就形成了多种多样的人。了解每个人的价值观从而明确什么是重要的，引导个人价值向社会价值过渡，是培养青年领导力的本质要求。

随着价值观研究突破了心理学领域，分析的层次也从个人扩展到企业，甚至国家和社会。关于企业价值观的组成结构，美国学者运用了多种研究方法进行探索。彼得斯（Peters）等学者应用多案例分析方法概括了美国卓越企业的八种企业价值观：崇尚行动、接近顾客、创新精神、尊重员工、形成共识、做内行事、宽严并济、企业单纯及自主自律。路易吉·吉索（L. Guiso）（2014）以标普 500 强公司为样本，来研究上市公司宣称的价值观。他通过收集标普 500 强公司官方网站上有关公司的价值观、文化的信息，然后进行同义词归类、汇总的方法，得到了九个企业价值观的维度：诚信、团队合作、创新、尊重、质量、安全、公民资格、沟通和勤奋。

此外，国内的学者也对中国企业的价值观进行了分析研究，见表 4-1、4-2。

表 4-1 中国企业文化维度列表

作者	主题	外部适应维度	内部整合维度
忻榕等	中国国有企业文化	顾客导向 结果导向创新 实用主义 未来导向	和谐 贡献 员工发展 领导行为 奖酬导向
魏均等	传统文化与企业价值观	客户导向 创新精神 社会责任 变中求胜 争创一流	遵守制度 内部和谐 平衡兼顾
孙海法等	中国民营企业文化	顾客导向 诚信为本 社会责任 持续发展 变革创新 追求卓越 求真务实	团队协作 奉献精神 重视人才 文化认同 要求一致

续表

作者	主题	外部适应维度	内部整合维度
刘理晖等	中国国有企业文化构成	客户—自我　竞争—合作 学习—经验　长期—短期 创新—保守　结果—过程 开放—封闭　道德—利益	集体—个人　制度—领导权威 关系—工作　员工成长—员工工具
周毅	中国企业文化结构	客户导向　社会责任 学习和创新　使命与愿景	规范管理　团队合作　员工导向 企业认同
戴化勇等	中国企业文化维度	社会责任　学习与创新 目标与愿景　客户导向	团队合作　企业认同　规范管理 员工导向
王长斌	山东企业文化维度	客户导向　追求卓越 创新变革　快速竞争 社会责任　诚信共赢	团结实干　仁爱亲善　道德自律 负重自强　制度控制
徐尚昆	企业文化的本土分析	企业学习　创新变革 顾客导向　诚信　战略/目标 社会责任	投入/贡献　团队精神　员工导向 领导　协调沟通　核心价值观

表 4-2　中国企业价值观维度出现的频次列表

出现频次	外部适应维度	内部整合维度
9	顾客导向（顾客—自我） 创新精神（创新—保守）	团队协作（集体—个人）
7	社会责任	遵守制度（规范管理、制度控制、要求一致、制度—领导权威）
6	企业学习（学习—经验、科学求真、求真）	
5	正直诚信（道德—利益、诚信为本）	内部和谐（敦亲睦邻、和谐、竞争—合作、仁爱亲善、协调沟通） 员工发展（员工成长—员工工具、员工导向） 文化认同（企业认同、甘苦与共、核心价值观）

续 表

出现频次	外部适应维度	内部整合维度
4	结果导向(结果—过程、务实、表现绩效) 未来导向(长期—短期、目标与愿景、使命) 追求卓越(卓越、争创一流、持续发展)	领导行为(关系—工作) 实干奉献(贡献、奉献、实干、投入)
1	变中求胜　快速竞争　开放—封闭　实用主义	奖酬导向　平衡兼顾　道德自律　负重自强

注:王长斌.谈中国企业价值观维度及其来源[J].商业时代,2012(12):141-142.

三、价值观对青年领导力的影响

价值观越明晰，人前进的方向也就越明确，动力也就愈加充足。 所以价值观是人的核心问题，也是领导力培养的核心问题。

(一)价值观影响人们对目标和事物的选择

对于个体而言，选择价值观就是选择人生道路。 领导别人先要领导自己，清楚自己的立场和期望，真正关心的是什么，拥有一套清晰而坚定的价值观，才能在众多的相互竞争的理论、需求和利益之间做出选择，才知道怎么传达信息，怎么选择方案，怎么去分享和解释自己的价值观，才能让别人更好地理解自己的行为及决定背后的原因，有助于建构共同的价值观，使团队能够有效地协同工作，创造更大的价值。 如古语云:“上下同欲者胜。”

郎平，中国女排的灵魂人物。 1995 年中国女排处于最低谷、连亚洲冠军都保不住的时候，郎平欣然回国执教，一年后的亚特兰大奥运会，中国女排惜败古巴获得一枚银牌。 7 年后，在中国女排再次跌入谷底的时候，53 岁的郎平再次临危受命。 2013 年亚锦赛第四名和 2014 年时隔 16 年率队再获世锦赛银牌，再到 2015 年世界杯和 2016 年里约奥运会双冠，郎平承受了她料到和不曾料到的许多东西，也水到渠成地完成了从世界名帅到世界冠军级教练的蜕变。金牌绝不是郎平一个人的功劳。但是，如果没有郎平，如果没有她培养出的以朱婷、袁心玥、张常宁为代表的一批优秀新锐，在伦敦奥运历经坎坷、一蹶不振的中国女排不会这么快重回巅峰。时隔12年后重夺奥运冠军也再一次张显了女排精神。在新的历史背景下，女排精神也被郎平所率领的团队赋予了新的含义。在刻苦训练、顽强拼搏的基础上，郎平将国际化、专业化的团队合作形式和科学训练的理念引入中国女排。对于郎平来说，再次执教中国女排成了她推动中国排球改变旧有理念的机会。凭借她在中国排球界拥有无可比拟的威信和地位，她排除很多阻力，运用多年国际化执教经验，甚至调动国外优势资源和人员，为中国女排服务，同时让国内同行看到了中国排球与国际先进水平的差距。

在郎平身上，既有中国人感恩图报，吃苦耐劳的美德，又有观念先进意识超前，有胆有识的时代特点。在祖国召唤她，需要她的时候，她全然不顾自己的损失，怀着一颗对祖国的赤诚之心，一种对振兴中国女排的渴望，放弃丰厚的待遇和优越的生活，终止了在国外的合同，回到祖国的怀抱，将深藏在心中的爱国情感，变成了奉献祖国的爱国行动，一次又一次地把中国女排带回世界巅峰。

（二）价值观影响人们对事物的评价和感受

价值观不同，人们对事物的评价和感受也会有所区别。只有在自己价值观里最认可的事情，我们才会愿意投入精力主动地去做它。管理学中有个定律叫不值得定律。意思是说，一个人如果从事一份自认为不值得的工作，他就很难从中体会到快乐，也很难把它做好，往往容易敷衍了事，即使一个人工作很有成效，但如果工作不符合他的价值观，那么他也很难从工作中获得成就感，反而，当这个工作能够践行价值观时，个体更容易获得成就感和幸福。

1910年，特蕾莎修女生于马其顿一个富裕的商人家庭。她的父母是阿尔巴尼亚人，都是虔诚的天主教徒。她深受母亲奉献上帝的信念影响，12岁时萌生了做修女的愿望，18岁她远赴印度受训成为修女，27岁发终身誓愿并升任女修道院院长。自38岁起，她开始了在加尔各答贫民窟为赤贫者、濒死者、弃婴、麻疯病人服务的生涯。在她的心目中，为上帝工作这个行为本身，已经得到了足够的回报，不需要获取别人的认同。而且，她认为穷人比富人更需要尊严，穷人在价值的等级中至高无上。40岁时，她建立“仁爱传教修女会”。她获得过多个国际性奖项，1979年，被誉为“活圣人”的特蕾莎修女获得了诺贝尔和平奖。在授奖仪式上，她说：“我愿意代替世界上所有的穷人、病人和孤独的人，来接受这个奖项。”获奖后，她把卖掉奖章的钱及19万美元的奖金，全部捐献给贫民和麻风病患者。特蕾莎修女把她的一切献给了穷人、病人、孤儿、孤独者、无家可归者和垂死临终者；她从18岁起，直到87岁去世，从来不为自己、而只为受苦受难的人活着。然而，她却终其一生不觉苦。

（三）价值观影响与他人的相处和沟通

在舒适安全的环境里，或许看不出太大的差别，但一旦面临困难或者挑战，价值观的意义便会即刻体现出来——在你的内心深处，你怎样看待这个世界，怎样看待他人，怎样看待人与人的关系，怎样看待你自己，你就会怎样去做，它会影响与他人的相处和沟通。在工作生活中，很多你以为的冲突、争执和不合，大都是来自价值观的相异。在人际互动中，每个人在意的“核心价值”可能存在巨大差异。

（四）价值观的践行程度决定了领导力素质等级

别人为什么愿意追随你，其中最重要的原因叫价值观的共鸣，你对价值观的践行程度决定了你的领导力素质等级，能引起他人价值观共鸣是领导力素质的最高等级。只有个体能够言行一致地践行价值观，做出表率，其领导力才具有最强的黏性。

曹操是三国时期著名的军事家、谋略家、文学家及领导者，善于带兵打仗，5000人马起家，灭掉实力强大的袁绍，通过一系列兼并战统一北方，用高超的领导艺术使得将士用生命维持和壮大着他的政权，成就他的丰功伟业，可谓一代枭雄。他“唯才是举”“选将量敌”“褒亡厚往”“赏罚分明”，深得军心，此外，他言行一致，也为将士们做出了最好的表率。管理心理学中有个基本的规律叫羊群效应。一群羊不管数量有多大，它们永远跟领头羊学行为、学方向。管理也是这样，家有千口，主事一人，人数越多，越盯着领导，上有所好，下必趋之。在曹操的文章中，有两篇文章，一篇是《封功臣令》，他说：“起兵十九年，所征必克，岂吾功哉。乃贤士大夫之力也，其促定功行封。”另一篇叫《分租与诸将掾属令》，曹操后来封了三万户食邑，自己一分没要，把这些都分给将士和身边的人。他用这样的实际行动，告诉官兵“以人才为贵，以珠宝为轻”，尊重负责任的人，鄙视占便宜的人，这种价值观导向到后来成为队伍作风的主流。什么样的领导带出什么样的兵，如果领导者处处严于律己，积极进取，他的团队就会富有活力、充满战斗力，在困难时期，曹操积极和乐观，敢于向命运挑战，“老骥伏枥，志在千里。烈士暮年，壮心不已”，甚至在多次战役中身先士卒，无疑给他的队伍起到了很好的表率作用。在生死面前，曹操展示得从容镇定不怕牺牲，这样就保证了他的队伍中的战士也具有不怕牺牲的勇气和精神。

所以，当领导者有很明确的价值观，并且在积极践行价值观，言行一致的时候，也是影响力最强的时候，见图4-1。

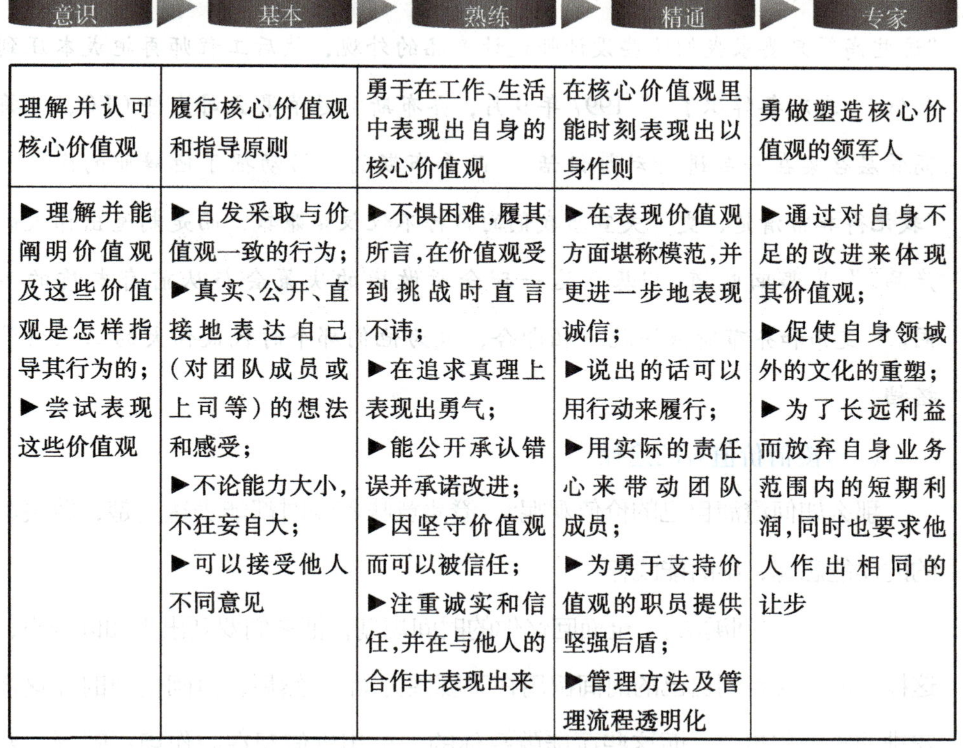

意识	基本	熟练	精通	专家
理解并认可核心价值观	履行核心价值观和指导原则	勇于在工作、生活中表现出自身的核心价值观	在核心价值观里能时刻表现出以身作则	勇做塑造核心价值观的领军人
▶理解并能阐明价值观及这些价值观是怎样指导其行为的； ▶尝试表现这些价值观	▶自发采取与价值观一致的行为； ▶真实、公开、直接地表达自己（对团队成员或上司等）的想法和感受； ▶不论能力大小，不狂妄自大； ▶可以接受他人不同意见	▶不惧困难，履其所言，在价值观受到挑战时直言不讳； ▶在追求真理上表现出勇气； ▶能公开承认错误并承诺改进； ▶因坚守价值观而可以被信任； ▶注重诚实和信任，并在与他人的合作中表现出来	▶在表现价值观方面堪称模范，并更进一步地表现诚信； ▶说出的话可以用行动来履行； ▶用实际的责任心来带动团队成员； ▶为勇于支持价值观的职员提供坚强后盾； ▶管理方法及管理流程透明化	▶通过对自身不足的改进来体现其价值观； ▶促使自身领域外的文化的重塑； ▶为了长远利益而放弃自身业务范围内的短期利润，同时也要求他人作出相同的让步

图 4-1　领导力素质等级

四、价值观探索的方法

美国心理学家罗杰斯曾说：“澄清自己的价值观，是迈向一个更丰富、充实、有生产力的首要条件。”每个人都有价值观，但不一定每个人都清楚自己的价值观，所以，在你成为有影响力的领导者之前，你要努力把“说”和“做”联系起来，不断澄清你的价值观，不断探索你的内心世界，进行深刻的自我审视，找到在成长过程中指导你行动和决策的基本信念，找到属于你的声音。

《乔布斯传》中，记载了这样的故事。1996 年，这一年恰好是乔布斯回归前夕，乔尼成为设计部门的主管，却很不开心。阿梅里奥并不看重设计。

“没有那种为产品付出心血的感觉，因为我们都在努力增加利润，”艾弗说，“这些高管只要求我们这些设计师设计产品的外观，然后工程师再把成本压到最低。我准备辞职了。”1997年9月，乔布斯重返苹果公司出任CEO，他将高管层召集在一起进行动员讲话。而乔布斯的讲话动摇了他辞职的念头。“我记得非常清楚，史蒂夫宣布我们的目标不仅仅是赚钱，而是制造出伟大的产品，”艾弗回忆道，“基于这一理念所做出的决策会与从前有本质的不同。”艾弗和乔布斯很快就一拍即合，成为他们那个时代最伟大的工业设计搭档。

（一）澄清价值观的途径

那么如何澄清自己的价值观呢？澄清意味着随时都能表达清楚，做决策的时候能想起，平时能践行。

（1）利用回溯法。全面回忆你的时间规划，把它们罗列出来加以分类，这样，你就会看到自己的时间都用在了哪些方面。然后，再回忆当时你这样安排的原因和想法，而这些可能就是你的动机和价值观在起作用；回顾一些你自认为印象深刻的经历，再反省为何印象深刻，试着评价这些经历对你的意义，这些对你的意义就是价值观的具体化。

（2）利用话语澄清。学会用自己的语言来表述你的价值观，使其清晰化。价值观不应该是具体的目标，而是反映在某段较长的时间内你想要的生活或工作方式。想象在没有任何限制的情况下，什么对你来说最重要？你关心的是什么？你会从事什么工作？你想在未来的工作中培养或表现出什么样的个人品质，有什么技能？你想要建立什么样的人际关系？你想要在人际关系中处于什么样的地位或表现出什么样？你会用什么样的方式自我激励或者消遣娱乐？你希望自己成为什么样的人？这些问题都尝试着用自己的语言去表达，注意自己在日常生活中的真实表现，表达的过程也是澄清价值观的过程。

（3）利用心理投射或测量工具。人的价值观内化于人的举手投足间。所以，有的时候，价值观的探索首先要“跳出自我”，把自己当作一个客体看待、审视，最后澄清。对此，我们可以利用心理学中的测量工具或者投射工具来测验自己的价值观，比如莫里斯的生活方式问卷、罗基奇的价值调查表、舒伯的职业价值观量表等。此外，还可过参与一些价值澄清团体训练活动，如价值拍卖、价值抉择、价值观澄清练习等来认识自己的价值观。

（4）通过实践检验。价值观的澄清和建立很多时候来自生活真实的体验。莎士比亚说：“忠于你自己，不舍昼夜。”在遇到真实的事情，我们做选择时，价值观就会显现。

2016 年，黄文秀从北京师范大学硕士毕业后考取了选调生，回到家乡——广西百色，投身基层扶贫事业。“她本有很多选择。”昔日导师郝海燕说，“以她的能力，留京或出国都没问题。”然而，出生于广西农村的黄文秀，求学过程中，依靠党和国家的扶贫资助才得以完成学业。学成回报这片土地，帮助更多像自己一样的困难群众，是她的心愿。她曾对自己的老师说：“我是从贫困大山里走出来的孩子，得到过党和政府的资助和培养，希望将来能为祖国和家乡贡献自己的力量。”在一次次的选择中，黄文秀始终遵从自己的内心，自己的初心，回归家乡，建设家乡。她想要当那个“走出去”并“回来”的人。

2018 年 3 月，黄文秀主动来到百色最偏远的乐业县新化镇百坭村担任第一书记。在她到任之初，百坭村交通不便、产业不强、脱贫任务重，472 户 2067 人中，还有 103 户 473 人未脱贫，贫困发生率为 22.88%。初来乍到，乡亲们对这位年轻的“女娃娃”并不信任，都说她是来村里“镀金”的。为了取得乡亲们的信任，黄文秀直接住到村里，翻山越岭、进村入户访贫问苦，手绘“民情地图”，学说方言，帮着大伙儿扫院子、干农活。渐渐地，大家从心底里接受了她，专心跟她搞发展。不到一年的时间，百坭村 103 户贫困户顺利脱贫88户，贫困发生率降至2.71%，村集体经济项目收入翻倍。黄文秀还协调完成了1.5公里的道路硬化，新建蓄水池4座，完成两个屯47盏路灯的亮化工作。

这位扶贫路上的“女战士”曾在自己的驻村日记中写道：“扶贫之路就像一条长征路，无论多么艰难，都会坚定不移走下去。”

(二)拓展个人价值观体系的方法

价值观确认之后，绝不是一成不变的，很多观点可能会随着时间和经历的变化而改变，所以在成长的过程中要学着尊重别人的价值观，不断拓展自己的价值观体系。

1. 以未来为期限，给自己定位

可以用十年甚至更长的时间为期，来定位自己“期望成为的人”，然后描述一下“这样的人”拥有什么样的习惯、行为、做事方式，对照自己现在的行为模式进行精进迭代，这样有助于扩展自己的价值观体系。

2. 建立自己的目标圈

物理学上有一种现象叫作共振，其实有时，人与人之间的想法也是一种共振，会相互影响。当足够多的人同时发出积极正面的想法，所产生的强大共振，将会带动整个团队。孔子说：“益者三友，损者三友。友直，友谅，友多闻，益矣；友便辟，友善柔，友便佞，损矣。”因此，我们需要主动选择“成长性”的人际氛围与朋友圈，以此来获得源源不断的积极牵引。一个人陷在自己的惯性中，如果想要有所突破，就需要换一种信息圈，优化自己的输入方式，花费更多的时间在理解和积累那些长期受益的规律上，不要满足于肤浅的讨论，对内容的质量要有要求，这是更快增长思维和智慧的方法。一个人长期生活在高密度智慧的生活圈里，久而久之就会从量变发生质变，让人的价值观框架变得越来越有包容力。

总而言之，价值观的探索本身不是一劳永逸的过程。大学生还处在建立

和形成个人价值观的生涯探索期，有一些混乱是正常的，重要的是对自己的职业和生活进行不断思考和探索。在你想成为一位值得信赖的领导者之前，你要建立这样的意识：明确自己的价值观，使行动与共同的理念保持一致，真诚地表达内心的想法，找到自己的声音，为他人树立榜样。如果你说的价值观不是你的，而是别人的，从长远来看，你所说的与你所做的不可能一致，因而也就不能用让人信服的方式和大家沟通。建立共同价值观，让他们对这些价值观负责，你的领导力才能充分发挥。

澄清自己的价值观、了解别人的价值观、形成共同的价值观，是成为值得信赖的领导者的第一步。

第二节 洞悉人格特质

领导之道的挑战在于，要坚强，而不是粗鲁；要友善，而不是弱势；要大胆，而不是欺凌弱小；要考虑周全，但不是懒惰；要谦虚，而不是胆小；要骄傲，而不是傲慢自大，要幽默，而不是哗众取宠。

——吉姆·罗恩

要想成为优秀的领导者有没有不可或缺的要素？领导者是否拥有不一般的特质？什么特征可以形成有效的领导？多年来，这些问题始终吸引着人们的兴趣。在中国文化当中，对这个问题有一个相当普遍而浪漫的答案：因为领导者有“气场”。但是这个神秘的、让人困惑的“气场”到底是什么呢？答案五花八门，不一而足。其实，领导力不仅在于领导人做什么，关键在于领导人能否把应该做的事做好，有人追随。而领导者能否把事做好，取决于他们是什么样的人——他们是否具备并且发挥内在的领导者基因。领导者基因就是那些在领导者或者领袖身上所具备的人格要素，这些要素使领导本身能够发挥强大的凝聚力。领导力的成熟是建立在领导者人格成熟的基础之上的。在产生领导力的过程中，每个人都需要经历自我发现和自我理解的过程，领导学专家一致认为，高效的领导者是清楚自己是谁，又代表了谁，了解自己人格特质、了解自身天赋与优势的人。

一、何为“人格特质”？

人格特质就是一个人区别于他人的，在不同环境中一贯表现出来的，相对稳定的，影响人的外显和内隐行为模式的心理特征。比如，害羞、进取、忠诚、顺从、懒惰等。这些特质越稳定，在不同情境中出现的频率越高，那么在描述个体行为时就显得越重要。特质论认为，领导者的行为反映的是他的人格特质与外在情境的互动关系。当外在情境是具有明确的规章制度、详尽的政策约束的强情境时，人格特质对行为的影响较小，而当外在情境是不熟悉、不明确、变动性的弱环境时，人格特质就会发挥着重要的作用。而如今，大多数企业加速变革，不确定性的情境增加，那么，人格特质在领导行为中发挥的作用也就变得越来越重要。了解自身的人格特质，知晓自身的优势与不足，有助于培养领导行为，扬长补短，提升领导力。

在人格特质中，有些受先天影响较大，比如，人的“脾气”“秉性”“性情”，人格的内外向、反应的快慢、情绪的稳定、思维的灵活、心思的敏感等，而有些是后天培养起来的，比如忠诚、善良、宽厚、狡诈、独立、正直等。一般来说，带有先天性的特质改变起来较为困难，而依赖于后天培养的特质，可塑性相对大一些。但总体来说，人格特质是相对稳定的因素，改变并非易事，需要有良好的自我认知及持之以恒的行动力。

人格特质是指以特定方式行事的相对稳定的个人偏向。在培养和发展领导力的过程中，如果个体意识不到自己的性格、习惯，或者不把它看作是大问题，那么，人格特质就会局限效力，阻碍事业的成功。

曾国藩，晚清同治、光绪年间的“中兴第一名臣”，身处清朝内忧外患接踵而至的动荡年代，依靠学问和修养在恶劣的政治环境中反复磨砺，以一介儒生昂然崛起于湘楚之间，完成草根逆袭，人格修炼和处世方面体现出强大的精神感召力，在很多领域，取得了常人无法企及的成就。在人格修炼中，曾国藩推崇圣贤、圣哲、君子的理想人格，“得天理之正,极人伦之至”，并把他们作为学习的榜样。曾国藩认为人生而具有“性命之理”,每个人均可成为“圣贤”,因为每个人均可通过道德修养而恢复自己的德性。他每天写日记，对每天的言行进行检查、反思，一直贯穿他的后半生。他不断给自己提出更多要求：要勤俭，要谦虚，要仁恕，要诚信，要惜福等，力图将自己打造成当时的圣贤。许多人都认为人格修炼是空虚的东西，认为修身是虚无缥缈的东西，甚至是迂腐的，但对曾国藩来说，修身才是他事业成功最重要的原因。

二、领导个性特质的类型

每一名卓越的领导者都是具有独特个性和魅力的，而这些个体的独特性又往往是难以复制的，因为领导是一个复杂的过程，与环境发生交互作用，没有简单路径可循，从而难以从“最佳实践”的角度来进行提炼。从20世纪早期开始，学者们不断试图运用人格与特质理论工具来寻找优秀领导者身上共同的规律，研究数以千计，得出了与典型领导特质有关的大量条目，然而，时至今日，依旧很难确定哪些特质是人们成为成功领导者所必须具备的本质特征，很多特质都与有效领导有关，通过讨论那些研究中认为与有效领导高相关的特质，审视那些卓越的领导者所具有的特质，有助于自我反思，看看你自己拥有哪些特质，如何培养这些特质，你所具有的特质将会如何影响你的影响力，那样，你就有可能一步步成为有效的领导者。理论中的领导个性特质部分概括为表 4-3。

表 4-3　学者对领导特质的部分总结

学者	对领导特质的总结
斯托克蒂尔	智力、机敏、洞察力、责任感、主动性、坚持不懈、自信、社交性
曼恩	智力、男子气概、应变力、支配力、保守主义
斯托克蒂尔	成就感、坚持不懈、洞察力、主动性、自信、责任感、合作、忍耐力、影响力、社交性
劳德、德韦德、阿里杰	智力、男子气概、支配力
贝斯	勤奋、值得信任、可依赖、表达能力强、善于交际、思想开放、智慧、自信、自我肯定、尽职等
柯克帕特里克、洛克	驱动力、激励、诚信、信任、业务知识
豪斯、汉格斯等	值得信赖、公正、诚实、鼓舞人心、积极、精力充沛、可依赖、智慧、果断、善于沟通、有见识、团队建设、有强动机、有熟练的行政技巧与谈判技巧、善于协调、追求卓越等

从上述的研究结论，我们可以发现，不同的研究学者得出的结论不尽相同，确实存在很多影响领导力的人格特质，从追随者的角度而言，“你愿意追随的领导者应具备什么样的特质或品质？”詹姆斯·M. 库泽斯、巴里·Z. 波斯纳曾针对受人尊敬的领导者的品质（Characteristics of Admired Leaders，CAL）在全球进行过超 10 万人的调查，多年来的调查结果具有很高的一致性。一个人在他人愿意视其为领导者之前都要通过基本的“人格测试”，在众多的选项中，30 多年来“诚实的、有胜任力的、能激发人的、有前瞻性的”这四种品质在不同的国家都排在前面，人们所看重的领导品质比较稳

定，见表4-4。

表4-4　受人尊敬的领导者品质

受人尊敬的领导者品质	选择该种品质的被调查的百分比（%）					
	1987年	1995年	2002年	2007年	2012年	2017年
诚实的（Honest）	83	88	88	89	89	84
有胜任力的（Competent）	67	63	66	68	69	66
能激发人的（Inspiring）	58	68	65	69	69	66
有前瞻性（Forwardlooking）	62	75	71	71	71	62
聪明的（Intelligent）	43	40	47	48	45	47
心胸宽广（Broadminded）	37	40	40	35	38	40
可靠的（Dependable）	33	32	33	34	35	39
能支持别人（Supportive）	32	41	35	35	35	37
公平的（Fairminded）	40	49	42	39	37	35
坦率的（Straightforward）	34	33	34	36	32	32
合作的（Cooperative）	25	28	28	25	27	31
有雄心的（Ambitious）	21	13	17	16	21	28
关心别人的（Caring）	26	23	20	22	21	23
有主见的（Determined）	17	17	23	25	26	22
勇敢的（Courageous）	27	29	20	25	22	22
忠诚的（Loyal）	11	11	14	18	19	18
有想象力的（Imaginative）	34	28	23	17	16	17
成熟的（Mature）	23	13	21	5	14	17
有自制力的（Selfcontrolled）	13	5	8	10	11	10
独立的（Independent）	10	5	6	4	5	5

《论语》有曰："其身正，不令而行；其身不正，虽令不从。"即所谓若安天下，必须先正其身，而后可以治人。要想成为优秀的领导者，正人首先须正己，正直才能做到处理事情没有偏倚，才能让下属心悦诚服。正直能够使企业成员产生敬佩感和信赖感，从而引导他们去认同并吸引他们追随，这也正是领导力的重要体现。曾任联想集团有限公司董事局名誉主席的柳传志就是这

样一个人。柳传志的正直源于良好的家庭教育环境。柳传志的父亲柳谷书是新中国成立前中国银行的董事,他有一句话给柳传志的印象特别深——“只要你能够做一个正直的人,考不上大学也没有关系,我们一样喜欢你”。柳传志的母亲看起来很柔弱,但她在“文革”中经历各种风波时也从没有说过违心的话。正是父母正直品质的潜移默化,柳传志在做人和做事时奉行了正直的原则。在他看来,守信用是企业的最高理念,正直就要体现在诚信上。无论多小的企业,办任何一件事,都要讲信用。在联想新员工入职培训中,柳传志每次都要提到这样一个小故事:“在1988年,当时成立仅四年的联想还是一个非常小的企业。有一次把一台服务器卖给了一个客户,结果服务器坏了,我们没有能力维修,由于进出口手续的问题也无法退货。我们很对不起那个客户,对方也没有追究。两年后在一次展览会上,我们又碰到了那个客户,那个时候我们已经有能力赔偿人家了,我们主动找上门去赔偿他,对方很感动,也很意外。后来我们一直拿这件事教育员工,要做一个老实人。”在多年的业务活动中,联想不仅赢得了客户的口碑,也因从来不拖欠货款在供应商和银行那里都有非常好的口碑。

总体而言,那些精明的、讲诚信的、认真尽责的、能激发人的、有前瞻性的人,通常比那些不太精明的、易于冲动的、脾气暴躁的、性情懒惰的、行为退缩的、不喜欢发号施令的人更容易成功,更容易成为领导者。拥有“正确的素质”不能保证成功,但它会增加成为领导者的可能性。

此外,还有一点值得注意,影响有效领导的人格特质非常多,但在不同的情境下,拥有特定情境所需要的重要特质对领导者来说才最为重要。例如,对于医生、教师、军人等职业,在特定的领导情境中,特质要求是不一样的,如果你担任领导者,就需要了解在当下的时间、地点、情境下,启动哪些特质是正确的,领导行为才会有效。

三、人格优化的途径

在一定程度上，人格特质会决定一个人的心境体验、生活方式及人际关系、事业成败。因此，如何去塑造优秀的人格品质，对领导力的培养而言，非常重要，它不仅需要长期的努力，还需要恰当的转化途径。

第一，培养良好的习惯，是优化人格特质的核心。所谓习惯，就是人在一定的情况下自然而然地或自动化地去进行某些动作的习得倾向。一个人之所以会表现出某种特殊的习惯，是由于一定的情景刺激和他的某些有关动作在大脑皮层形成了巩固的暂时神经联系。有句名言说得好："播下一个行动，收获一种习惯；播下一种习惯，收获一种性格；播下一种性格，收获一种命运。"习惯的养成最终会成为一个人个性中的一部分。我们培养习惯，之后，习惯塑造我们。行为主义创始人华生指出：人格就是我们习惯系统的最终产物。习惯是由一点一滴、循环往复的行为动作养成的，通过语言和行为举止训练，可以改变坏习惯，养成好习惯，进而完善人格。

第二，识别特质、发挥优势。影响领导力的人格因素特别多，其实，每个人都拥有可以识别的领导优势，在相应的领域更容易成功，只是我们常常没有发现那些相关的人格特质，去开发它，将它转变成优势，因而无法有效利用它，成为高效的领导者。因此，我们应该了解自己的人格特质，去发现那些有助于你成为领导者的天赋，然后通过获得更多的知识、技能和实践进一步开发这些天赋，让那些天赋转化成优势。例如，在生活中，有的人特别乐于与人交流，如果投入时间学习更多关于沟通的原理、技巧、方法，并尝试参加一些相关的实践锻炼，那么就能增强沟通优势。显著性的人格特质本身并不是优势，但它是培育优势的基础，只有当你把这些突出的人格特质与知识、技能、实践结合起来，才能形成优势，提升领导力。当然，要想成为高效的领导者，不光要开发和识别自身优势，发现他人的优势也同样重要。

第三，培养兴趣，丰富知识。人的知识越广，本身也就也趋于完善，在知识经济时代尤其如此。英国哲学家培根在《读书论》中所说的：“读史使人明智，读诗使人灵秀，数学使人周密，科学使人深刻，伦理学使人庄重，逻辑修辞之学使人善辩，凡有所学，皆成性格。”知识就是力量，知识也具有性格的力量，人的知识愈广，人的本身素质就高。学习知识，增长智慧的过程也是个性优化的过程。丰富的知识可以帮助我们发现性格中的缺点，尽量避免这些缺点所产生的不良后果。在现实生活中，不少人的人格缺陷源于知识的贫乏。如无知容易粗鲁、自卑，而丰富的知识则会让人自信、坚强、理智、热情、谦恭等，实际上，知识的积累与个性的完善是同步的。当然，青年不能只局限于自己的专业知识学习，还应扩大自己的人文社科知识面，加强人文修养，用丰富的知识来充实自己。

第四，积极交往，主动参与。良好个性的塑造不是闭门造车，要跳出自我的狭小天地，走向丰富多彩、生机勃勃的实践活动，在交往和活动中塑造健全的人格。实践活动对于培养独立、自信、宽容、热情、开朗等人格品质有积极的推动作用。如果在活动中担当一定的角色，会有力地促进自信、果断、细致、热情、坚毅、老练、创造性等品质的培养，会加速人格的完善和领导力的提升。在广泛的交往活动中，还可以借助别人对自己态度的反馈，及时调节自己的言行，加深自我了解，优化性格。

第五，正确看待内向、外向。在日常生活中，我们容易简单地将人分为内向和外向，并认为外向的人开朗大方、合群好相处，而内向的人沉稳含蓄、不太好沟通。因此，外向的性格似乎在社会生活中更有利，更被大众所接受。其实，每个人的性格远比这样两个类别所能概括的要复杂得多。就像著名的心理学家卡特·荣格（Carl G. Jung）所说：“这个世界上根本不存在完全内向或者完全外向的人。内向和外向，其实就像一个连续区间的两端。我们大多数人都在这个区间内，同时拥有内向和外向的一些行为特点，在不同生活情境下展露出不同的特点。不过有些人更偏向内向，而有些人更偏向外向，有些人是这个区间的中心。”荣格还认为，那些外向的人能从社交中获得心理能量；内向的人则更愿意在独处或少数亲密关系中获得力量，过多的社交反而会消耗他们的心理能量，使他们难以安心。内向者的力量源自“安静”，且“静能生慧”。美国人力资源专家珍妮弗·康维勒在《内向者的“静”争力》一书中指出，内向者习惯先思考，后发言，重深度；善于倾听，注意力集中，能钻研；注重文字交流，表达清晰准确；他们不为社交浪费太多精力，能承受压力。因此，内向的领导者比外向的领导者更能理解员工，更有亲和力；在抉择时忙而不乱，更易得到团队的信任，内向者也更易成为卓越的领导者。据调查，40%的美国公司高管是内向者，包括微软（Microsoft）的比尔·盖茨、谷歌（Google）的拉里·佩奇，伯克希尔·哈撒韦（Berkshire Hathaway）的沃伦·巴菲特及苹果（Apple）的蒂姆·库克等。因此，每种特性都有每种特性的优势，你要做的就是发现这些优势，并发展它。

了解自己的长处和不足，时刻保持自知之明

了解未来职场世界所需的相关技能及领导职位所需技能

关注职场情境的改变

通过与人合作，弥补你的弱势

第三节　丰富知识储备

如果不想在世界上虚度一生，那就要学习一辈子。

——高尔基

人类社会每一次的发展与进步都依赖于知识的力量，无论是从茹毛饮血的原始时代到精耕细作的农业时代，还是从机器大工业时代到如今的信息时代，知识的不断积累为人类社会向前发展提供了无穷无尽的动力。正如荀子《劝学》中所言：“不积跬步，无以至千里；不积小流，无以成江海。”诸葛亮在《诫子书》中亦道：“才须学也，非学无以广才。”

知识亦是领导力体系中最为基础的部分，就像一栋摩天大楼的地基。“九层之台，起于累土。”（《老子》第六十四章）知识的积累就如同建筑物地基的打造，只有打下坚固的地基，才有可能在此之上成就气象万千的高耸建筑。诚然，不同结构的建筑物对地基的大小、深浅、质地等要求都有所不同。在中国封建社会时期，不同朝代选拔官员时的考察内容都有所不同。其中最具有代表性的就是科举制。最初，隋文帝设立科举考试就是分科考试；隋炀帝三年，公开设立科举制所要选拔的十科举人，分别是“孝悌有闻”“德行敦厚”“节义可称”“操履清洁”“强毅正直”“执宪不饶”“学业优敏”“文才美秀”“才堪将略”“膂力骁壮”。唐朝在此基础上建立了包括常科和制科两类更为成熟的科举制。其中，常科考察的有“秀才”（选拔出的最高等级、最优异的人才，其标准是博识、高才、强学和策问无失）、“明经”（主要考察是否明习儒家经典）、“进士”（主要考察诗赋和策论，例如贺知章、王维、王勃等都是唐朝科举制的进士科出身）、“俊士”（仪表堂堂、谈吐俊雅）、“明法”（精通法令、法律知识）、“明字”（通习书法知识、擅长书法）、“明算”（主要考察自然科学知识，如《九章算术》）等五十多种科目；制科是朝廷临时设置的考试科目，设置的目的在于选拔各种针对特殊事物、掌握专业知识的人才。制科选拔其实一直流传至清代，例如光绪帝曾意图为变法设置“经济制科”的考试，顾名思义，即是对掌握专业经济领域知识人才的选拔。

在当代，青年领导力的发挥与提升同样离不开知识的原始积累。当代领导活动是一项面对全局、贯穿上下，指挥众人、管理诸事的综合性活动，也是一种科学性和艺术性相结合的创造性活动。因此，作为一名领导者，只有具备广博的科学文化知识，才能扩展思维，驾驭全局、运筹帷幄、乘风破浪。当代青年领导者的知识储备一般应包含以下几个方面。

（1）通晓马克思列宁主义、毛泽东思想、邓小平理论、“三个代表”重要思想、科学发展观、习近平新时代中国特色社会主义思想等政治理论知识，除此之外，还需关注国家的大政方针、纲要，及时知晓各项政策条文。这些政治知识的储备，既符合我国国情和社会发展的需要，也是对青年人在我国社会主义初级阶段的基本国情下开创事业的要求。当今世界正发生着广泛而深刻的变化，当代中国正发生着广泛而深刻的变革，思想观念、行为方式、价值取向、个人追求越发多元化，思想冲击对年轻人的影响异常明显。夯实政治知识，特别是政治理论知识的功底，才能有针对性地根据我国社会实际分析与解决复杂问题、驾驭复杂局面，才能从纷纭复杂的信息中理出头绪，从扑朔迷离的现象中抓住问题的要害，捕捉政治和社会信息，提高政治敏感度，从而掌握处理各方面事务的主动权。

2014 年 9 月夏季达沃斯论坛上李克强总理提出，要在 960 万平方公里土地上掀起“大众创业”“草根创业”的新浪潮，形成“万众创新”“人人创新”的新势态。此后，他在首届世界互联网大会、国务院常务会议和 2015 年国务院政府工作报告中频频阐释这一关键词。2018 年 9 月 18 日，国务院下发《关于推动创新创业高质量发展打造“双创”升级版的意见》。2019 年全国两会上，政府工作报告传递出更多有关鼓励更多社会主体创新创业的信息。2019 年 2 月 25 日，工业和信息化部办公厅、教育部办公厅发出《关于开展 2019 年中小企业与高校毕业生创业就业对接服务工作的通知》，特别指出“为贯彻落实党的十九大精神，促进高校毕业生多渠道创业就业，进一步引导和鼓励高校毕业生到中小企业工作，优化中小企业人才结构，推动中小企业高质量发展。”几年来，各级地方政府分别为高校大学生创业颁布了适合当地经济现实和经济发展的各项优惠政策。青年人可趁此享受更大的政策红利，大展身手，而如若对此政治政策知识缺乏了解，便会错失良机。

（2）博览社会科学和自然科学等各方面知识。领导力的施加方，即领导者，往往在一个企业（无论是正式企业或是非正式企业）中处于中枢地位，需要面对和解决的问题包罗万象、涉及各个领域，这些都对青年领导力的发挥形成了挑战。特别是随着信息时代的发展变迁，科学技术日新月异的同时，也会带来许多前所未有的社会问题，如“四体不勤、五谷不分”，只要学习好学历高就能在社会立足、就能获得较高社会地位、企业地位等。“学好数理化、走遍天下都不怕”的时代已经过去，当代青年领导者面临的社会是更加综合化、多样化的社会，这就要求青年人的知识储备更加广泛化、博通化。

为此，青年领导者应广泛涉猎政治学、经济学、法学、社会学、历史学等社会科学知识，以及系统论、控制论、信息论、生态学、电子计算机应用等多方面的应用学科和科学技术知识，并能灵活运用这些知识开阔视野、启迪思维、大胆创新、开创新局面。

（3）熟悉管理科学知识。在多数情况下，领导力产生于企业中的领导者，而领导者的主要职责是管理，在管理的过程中不断发挥自己的影响力从而实现企业及领导者的个人目标。因而，青年领导者必须成为管理人才，努力学习和掌握管理科学知识，包括现代管理学、领导学、企业行为学、决策学、人力资源管理学、管理心理学等。同时，在掌握这些管理学科基本理论的前提下，还要逐步学会娴熟地运用这些管理学科知识所提供的各种方法、技术和技巧，解决和处理好各种实际问题。

（4）精通专门业务知识。青年领导者应对自己所擅长的业务范围内的有关专业知识和理论深入钻研，精通业务活动的主要内容、前沿水平和发展趋势，尽可能成为内行。只有内行，才能准确鉴别，正确评判，科学决策，高效工作。只有内行，才能让领导力的发挥一气呵成，锐不可当。

百度公司创始人、董事长兼首席执行官李彦宏，毕业于北京大学信息管理专业，随后前往美国布法罗纽约州立大学获得计算机科学硕士学位，先后担任道·琼斯公司高级顾问、《华尔街日报》网络版实时金融信息系统设计者，以及国际知名互联网企业 Infoseek 公司资深工程师。他为道·琼斯公司设计的实时金融系统，仍被广泛地应用于华尔街各大公司的网站，并且最先创建了“超链分析”（ESP）技术，并将它成功地应用于 Infoseek/GO. COM 的搜索引擎中，而 GO. COM 的图像搜索引擎是他另一项极具应用价值的技术创新；他所持有的“超链分析”技术专利，是奠定整个现代搜索引擎发展趋势和方向的基础发明之一。李彦宏对计算机和网络专业知识的精通掌握显而易见，而这种专业知识的精通，也极大地帮助他全面负责百度的战略规划和运营管理。合伙人徐勇意表示，李彦宏不仅有技术背景，还对商战有敏锐的直觉和出色的判断。2002 年时任百度副总裁的朱宏波对其评价也是“虽然以前从事技术工作，但他的商业思维和市场眼光非常独到，对搜索产业方向的把握和商业竞争的规律和规则理解得非常到位”。

在李彦宏的领导下，百度已经发展成全球第二大独立搜索引擎和最大的中文搜索引擎。百度已经成为中国最具价值的品牌之一。百度的成功，也使中国成为除美国、俄罗斯、韩国、法国之外，拥有搜索引擎核心技术的国家。2005 年，百度在美国纳斯达克成功上市，并成为首家进入纳斯达克成分股的中国公司。

2018 年 1 月 19 日，《时代》刊发了对百度董事长兼首席执行官李彦宏的专访，将“创新者”（the innovator）的称谓冠于李彦宏，并将其定为本期亚洲版的封面人物。这是中国互联网企业家第一次登上《时代》封面。2018 年 12 月 18 日，党中央、国务院授予李彦宏同志改革先锋称号，颁授改革先锋奖章。

（5）掌握社会生活知识。领导力所涉及的范围囊括社会生活的各个层面，而领导活动的展开也必须遵循社会生活的基本规律。因此，青年领导者需要深入了解周围事物的历史和现状，熟悉各种各样的社会生活实际，知晓自己所处环境内的风俗、民情、习俗、文化传统及社会心理，积累一定的社会经验和人生历练；否则，便会容易因水土不服而无法适应所处环境，从而不能开展有效管理和领导活动。

Uber（Uber Technologies）中文译作“优步”，是一家美国硅谷的科技公司。优步在2009年，由加利福尼亚大学洛杉矶分校辍学生特拉维斯·卡兰尼克（Travis Kalanick）和好友加勒特·坎普（Garrett Camp）创立，因旗下同名打车APP而名声大噪，在全球范围内覆盖了70多个国家的400余座城市。2014年7月，优步宣布进入中国大陆市场，其创始人兼首席执行官卡兰尼克一直对中国市场执念颇深，在公开场合下也多次宣称坚持在中国要大获全胜。然而在2016年11月27日，旧版本Uber全面停止在中国提供服务，进入市场不足三年的优步正式与中国告别。

优步只是美国企业进军中国市场失败的代表之一。纵观这些企业进军我国市场失败的原因，有很多方面，但最重要的，就是公司高层领导者对我国社会和市场环境并不熟悉：一部分公司是由于信源不符合我国标准，像谷歌（Google）、脸书（Facebook）、推特（Twitter），从一开始就被审查，拦截在外；另一部分像亚马逊（Amazon）和易贝（eBay）这类公司，很显然没熟悉中国的商业运作模式。

（6）懂得“工业4.0”时代的衍生知识。“工业4.0”时代，即继蒸汽技术革命（第一次工业革命），电力技术革命（第二次工业革命），计算机及信息技术革命（第三次工业革命）之后的第四次工业革命。它是以人工智能、大数据、物联网、量子信息技术、清洁能源、虚拟现实及生物技术为主的技术革命，正以前所未有的态势席卷全球，人类社会及其生产力正在以几何级数不断增长。“工业 4.0”时代使人类社会经济生活水平大大提高。这场技术革命的核心是网络化、信息化与智能化的深度融合，它在提高生产力水平、丰富物质供给的同时，也会重塑人力与机器力结合的劳动形式和要求，在社会生活和科学技术方面增添新内容和新方法。身处此时的青年领导者，需要不断去学习衍生于“工业 4.0”时代的新知识新科学新技术，例如，5G 知识等。

政治政策知识、社科自然知识、管理科学知识、专门业务知识、社会生活知识及“工业 4.0”时代衍生知识这六个方面是对当代青年领导力的基本知识储备要求，我们不能要求所有青年领导者对这些方面都十分精通、绝对完善，这在实际上也是不可能的。作为领导者个体，只要在某一方面比较突出，其他方面相对均衡，即一点突出、一线雄厚、面面俱有的综合性知识结构，就可以达到基本的青年领导力的知识储备标准。

第四节　构建能力框架

对于一个能力强劲的人来说，无事不能为。

——威廉·海伍德

能力，指的是在达成某种目标或完成某项任务过程中所表现出来的个人主观综合条件。青年领导力的驱动过程是一种将领导者根源型特质辅以能力加以全面实践的过程，即驱动领导力的发挥首先需要领导者自身的能力做助推力。能力越强，助推力则越大，领导力所能发挥的空间就越足。我们认为，青年领导力所依赖的能力框架应包括基本能力和领导能力两个层面。其中，基本能力层面是基础，领导能力层面是中枢，二者相辅相成才能驱动领导力更好的发挥。

全球经理人几乎人手一本的《杰克·韦尔奇自传》是当今世界最负盛名的自传之一。事实上，这本自传在韦尔奇动笔之前，就被时代华纳公司以700万美元的天价竞标购得北美版权，超过了历史上的所有自传。韦尔奇是通用电气神话的缔造者，他本人的领导力更如传奇一般至今为人所津津乐道。

韦尔奇1935年出生于美国马萨诸塞州萨兰姆市，1957年获得马萨诸塞州大学化学工程学士学位，1960年获得伊利诺斯大学化学工程博士学位。1960年加入通用电气塑胶事业部。1981年4月，年仅45岁的韦尔奇成为通用电气公司历史上最年轻的董事长和首席执行官。而这家已经有117年历史的公司机构臃肿，等级森严，对市场反应迟钝，在全球竞争中正走下坡路。然而，在韦尔奇的领导下，通用电气公司市值从120亿美元冲上近5000亿美元，并成为当时美国市值最高的公司。

韦尔奇深知官僚主义和冗员的恶果，从第一年进入通用电气公司时，他就已经尝到这种体制的恶果。于是，韦尔奇首先针对通用电气内部管理体制展开了大刀阔斧的改革，减少管理层次和冗员，将原来的8个层次减到4个层次甚至3个层次，并撤换了部分高层管理人员。此后的几年间，他砍掉了公司25%的从属企业，削减了10多万份工作，将350个经营单位裁减合并成13个主要的业务部门，卖掉了价值近100亿美元的资产，并新添置了180亿美元的资产。当时，正是IBM等大公司大肆宣扬雇员终身制的时候，从通用电气内部到媒体都对韦尔奇的做法产生了反感或质疑。甚至因为太过于强硬的铁腕裁员措施，韦尔奇被贬义性地冠以“中子弹杰克”的绰号。然而，这就是韦尔奇作为通用电气领导者的能力体现，面对问题、一针见血，面对未来、不惧变革。

作为公司的最高领导者，韦尔奇自有他独特的方法，十分重视企业领导人的表率作用，他总是不失时机地让人感觉到他的存在，最为著名的莫过于“聚会”“突然视察”“手写便条”了。他每周都突然视察工厂和办公室，匆匆安排与比他低好几级的经理共进午餐，无数次向公司员工突然发出手写的整洁醒目的便条。所有这一切都让人们感受到他的领导并对公众的行为施加影响。他向从直接的汇报者到小时工等几乎所有员工发出的手写便条具有很大的影响力，因为这些便条给人以亲切和自然感，他手写便条主要是为了鼓励和鞭策员工，还经常是为了促使和要求部下做什么事。

在用人方面，韦尔奇认为，挑选最好的人才是领导者最重要的职责。他说：“领导者的工作，就是每天把全世界各地最优秀的人才延揽过来。他们必须热爱自己的员工，拥抱自己的员工，激励自己的员工。”作为一个过来人，韦尔奇给公司领导者传授的用人秘诀是他自创的“活力曲线”：一个企业中，必有20%的人是最好的，70%的人是中间状态的，10%的人是最差的。这是一个动态的曲线，即每个部分所包含的具体人一定是不断变化的。但一个合格的领导者，必须随时掌握那20%和10%里边的人的姓名和职位，以便做出准确的奖惩措施。最好的应该马上得到激励或升迁，最差的就必须马上走人。

韦尔奇具有绝佳的战略眼光，拥有强大的学习力，不断推动公司应变创新。他一直强调通用电气是一个无边界的学习型企业，一直以全球的公司为师。他说：“很多年前，丰田公司教我们学会了资产管理；摩托罗拉和联信推动了我们学习六西格玛；思科帮助我们学会了数字化。这样，世界上商业精华和管理才智就都在我们手中，而且，面对未来，我们也要这样不断追寻世界上最新最好的东西，为我所用。”

纵观韦尔奇掌舵通用电气的20年间，他从群策群力、无边界企业、全球化、数字化、六西格玛几个方面对通用电气进行了一系列改革，并将这个工业巨头扩展到金融服务和咨询领域，带领该公司进入了一个高速发展的辉煌时期。

杰克·韦尔奇在其人生历程和职业生涯中所展现出的基本能力与领导能力，使其成为一个公认的领导力超群的商业领袖，一个有魄力、果敢的领导者。

一、基本能力层面

我们在第一章提到，未来世界有着复杂性、快变性、模糊性及不确定性，这些使得青年领导者要面对纷纭变幻的各种社会现象，处理错综复杂的各种社会网络，判断良莠混杂的各种社会信息，预估无限可能的各种社会走向。只有加以塑造及满足基本能力，青年领导者的领导力才有可能在此基础上被激发出来。

（一）敏锐的观察力

观察力就是通过观察、感觉和知觉使自己同外部世界联系起来，从而认识客观世界的能力。曾有这样一则强调观察力重要性的故事：某个外科医生告诉他的学生，当一名外科医生，需要两项重要的能力：其一，不会反胃，其二，观察力要强。接着，他伸出一只手指，探入一碗看来令人作呕的液体中，然后张口舔了舔手指。他要求全班学生照着做。学生们只得硬着头皮照做一遍。医生看着强忍呕吐感的学生们颔首一笑，说："恭喜你们通过了第一关的测试。然而不幸的是，第二关你们都没通过，因为你们没有一个人注意到我舔的手指并不是我探入碗中的那根。"那么，对领导者而言，作为基本能力的观察力则显得尤为重要。领导者要善于觉察那些稍纵即逝的事物，并对其进行精细观察，见微知著，才能准确发现问题并洞悉事物本质，才能嗅得机遇从而在竞争中抢占先机，或是察觉危机从而及时应对后续风险。

执导《埃及艳后》(Cleopatra）的好莱坞著名电影导演和制片人塞西尔·B.戴米尔（Cecil B. DeMille）作为备受尊崇的大导演，当他在片场发号施令进行拍摄时，让动辄上千人的群众演员听从指挥通常并非难事。然而，在埃及拍摄《十诫》(The Ten Commandments）中"出埃及"的场景时，时年75岁的戴米尔遇到了挑战。

由于剧情发展的需要，他要面对数百名扮成希伯来奴隶的临时演员，与此同时，动物训练员们看管着大量的山羊、骆驼和鹅，正等候在拍摄场地外。整个上午的拍摄十分艰难，时至正午，烈日暴晒。戴米尔站在高台上，手持扩音喇叭，指挥着拍摄下一个镜头。片场上不时响起鹅的叫声或骆驼的喷鼻声，人群则安静专注——只有一个例外，戴米尔恼火地发现，在队伍的后半段，有一名年轻女子在不停地同身旁的人讲话。几分钟后，戴米尔终于忍无可忍，向她大喊："小姐！你有什么话非现在说不可，能不能说出来给我们大家听听？"

"可以啊！"这位女士大声回答，"我想知道那个秃头什么时候才喊'开饭'！"

人群陷入了可怕的沉默。戴米尔视线所及，是一双双躲避的双眼，似乎都在无声支援这位女子的强烈不满。他放下扩音喇叭，低头对着自己的脚盯了几秒钟。接着，他再次举起喇叭，大喊："开饭！"

戴米尔刚喊完"开饭"，人群中就爆发出一阵哄然大笑和热烈掌声。接着大家四散开去吃午饭，之后士气高昂地回到片场。最终，这个影片难度最大的镜头在下午顺利拍摄完毕。

戴米尔通过自己敏锐的观察力在短短数秒之内对拍摄场地的整个局面有了清醒的认识，随机应变做出恰当的决策，并采取行动保证事情继续顺利进行。

（二）强大的记忆力

记忆力是领导者基本能力必不可少的构成部分。领导活动是一项富有创造力的活动，而任何一种创造性活动都必须先把以往贮存的信息和材料提取出来加以整理并进行系统化联系，在此基础上才可能会产生新的联想、新的创造。首先，强大的记忆力会帮助领导者在遇到问题时，准确地在大脑中调出已掌握的信息和材料，以最快速度做出估算估计，从而在一定程度上保证领导活动的有效性。其次，强大的记忆力会帮助领导者加强人际交往，展现个人魅力和亲和力，从而赢得被领导者的喜爱甚至爱戴。纵览古今中外，但凡我们熟知的领导者，都可以从他们身上找到强大记忆力的影子。

美国微软公司联合创始人、世界著名的卓越领导者比尔·盖茨在幼年时就因其出众的记忆力而获得了一次难得的机会。比尔·盖茨小时候上的是公理会的教会学校，参加过学校的唱诗班。11岁时，他参加了一次背诵大赛。那一次，西雅图大学社区公理会教堂德高望重的牧师戴尔·泰勒，向盖茨所在的班级宣布："谁要是背诵出《马太福音》5-7章的全部内容，谁就会被邀请去西雅图的太空针塔（Space Needle）餐厅参加免费聚餐会。"太空针塔高153.3米，登上太空针塔餐厅，可以看到所有西雅图的头面人物，该餐厅是西雅图最高级、最体面的地方之一。不过，要获得与泰勒牧师在这家餐厅共进晚餐的机会绝非易事。在几十年教书生涯中，戴尔·泰勒形成了一个惯例：每年都要求他的学生背诵这几个章节。但这几个章节既长又难，连贯性不强，还很拗口。据牧师说，他至今还没有遇见一个学生能够一字不漏地完整背诵下来。但是，盖茨却通过他超强的记忆力做到了，最终获得了这样一个令其他学生羡慕不已的机会。

（三）缜密的逻辑力

逻辑力就是对事物存在的浅层次片面认识经过分析和综合、判断和推导，从直观具象到客观抽象的深层次全面认识的思维活动能力。作为一项创造性活动，领导活动的成效、领导水平的高低与领导者逻辑力的缜密程度息息相关。逻辑力越缜密，透过错综复杂的事物表象分析和综合出事物客观内核的准确性则越高，一针见血、滴水不漏；逻辑力越缜密，透过多变不定的事物现象判断和推导出事物发展方向的可能性则越大，一叶知秋、见微知著。

2005 年 10 月 13 日，当时全球两大即时通信服务供应商雅虎和微软宣布达成了一项“里程碑式协议”，使其全球的即时通信 MSN Messager 和雅虎通用户之间都能实现互联互通，并向腾讯公司董事长兼首席执行官马化腾发出了“互通邀约”，却遭到后者坚决回绝，理由是：不能拿用户价值冒险。在之后 10 月 27 日腾讯举办的 QQ2005 版本新品发布会上，马化腾公布了最新的数据：截至 2005 年 6 月 30 日，腾讯 QQ 的注册账户数已经达到 4.4 亿，这个数字相当于美国和日本人口的总和，月活跃账户突破 1.7 亿，最高同时在线用户数量也已经突破了 1600 万。接着，他宣布：“中国的即时通信应用目前已经领先世界，即时通信的下一个发展阶段也将进入由中国领导的即时通信全面社会化阶段。”

马化腾的底气在于他的缜密逻辑：“以腾讯 QQ 为代表的很多即时通信产品已不再是一个简单的沟通工具，而是一个信息咨询、交流互动、休闲娱乐的平台，语音、视频、音乐点播、网络游戏、在线交易、BBS、Blog（博客）、信息共享等新的应用都可以基于这个平台开展，并正以前所未有的速度改变着人们的生活方式。中国网民已走在即时通信应用的时代尖端，一个新的即时通信时代会由中国带动，而中国的即时通信社区将会在短时间内发展成为全世界最大的单一文化社区。”进而，他提出了即时通信的三个发展阶段：由“技术驱动”模式向“应用驱动”再向“服务和用户驱动”模式的目标转变。在这一转变中，即时通信产业发展将呈现应用娱乐化、社会化和互动化、个人信息处理、无线互联网资源整合、安全性、本地化应用六大趋势。现在看来，这是一篇“看见了未来”的演讲，马化腾看见了娱乐对中国互联网经济的巨大财富价值，看见了后来风靡一时的社区化、本地化概念，看见了“互联网手机”的前景。在 MSN Messager 和雅虎通相继推出即时通信舞台的今天，腾讯 QQ 及腾讯公司后续开发的微信应用在中国依然绽放着其旺盛的生命力。

（四）丰富的想象力

想象力在领导活动中具有加速器的作用。爱因斯坦指出：“想象力比知识更重要，因为知识是有限的，而想象力概括了世界的一切。”可以说，人类的一切文明进步都是想象力推动的结果。

先人的想象力已是天马行空，早在《封神演义》《西游记》《聊斋志异》等文学作品里就创作了许多神怪与人类交往的故事，这些虚构的小说无一不是奇书巨作。想象力推动了一个迅速发展的物质世界的形成，同时也塑造了一个更加丰富多彩的精神世界。

从近代科技和商业的发展来看，想象力同样无处不在。如果没有瓦特对跳跃的茶壶盖的想象，就不会有蒸汽机的发明；如果莱特兄弟没有幻想像鸟那样自由飞翔，就不会有飞机的诞生。

（五）强大的学习力

如果将青年领导者的基本能力看作是带动领导力这艘宇宙飞船腾空而起的运载火箭，那么学习力就是这艘火箭的动力装置系统，主导着青年领导者领导活动的锐意进取、纵横驰骋。学习力越强大，领导活动的动力则越足，领导力就越能辅助青年领导者无畏无惧、有智有谋地冲向目标、所向披靡，哪怕荆棘丛生，哪怕举步维艰。

“无畏无惧”象征着学习力中青年领导者所需的求知心与好奇心一面，承载着青年领导者探索未知的勇气和击溃障碍的信念；“有智有谋”蕴含着学习力的另一面，青年领导者所需的思考与创新，它们激发着青年领导者不断进行深度学习，将知识系统化、机能化，从而在此基础上创新抽象出指导更高阶段领导实践活动的新知识和新理论。

“他是从死人堆里爬出来的。”一位投资人这样评价美团创始人王兴。这句话有两重含义。一是说王兴创业过程中，经历过太多的不顺。美团之前，王兴做过十几个别的创业项目，全部失败。二是说美团所经历过的“千团大战”的惨烈厮杀。当时，5000 多家团购网混战一团，最后只有美团还活着，其他的团购网站，俱已成为尸骨。

王兴的绝处逢生、所向披靡在极大程度上得益于他持续学习和深入思考的能力。被称为“风投女王”的今日资本投资人徐新，称王兴为“深度学习机器”。当记者问徐新，她所投资的创始人中，给谁打分最高，徐新说：“最高分一直给王兴。”徐新评价道：“王兴做的很多业务，都不是第一个，但他总能后来居上，把前人 PK 掉。”

王兴对世界永远保持好奇心。他的饭否和微博上，充满着对世界和社会探索的足迹。甚至，在开车的路上突然想起“三观”是指什么，英语有没有对应的说法这种问题，他都会赶快找机会停车拿出手机查询。他密切关注一切新鲜事物，并寻找其中的机会。一直以来，学习美国先行网站的人很多，但王兴是其中学得最好的，并且在学习上不断创新。例如，美团最初是学习高朋（Groupon），但现在的美团不管是业务范围还是公司市值，都早已经远远青出于蓝。

王兴很推崇一本书，即格拉德维尔的《异类》。这本书的核心观点就是“一万小时定理”：任何人，只要持续刻意学习一万个小时，就能成为该领域的专家。正是因为这种持续的学习和思考能力，让王兴成了对团购和 O2O（online to off-line，离线商务模式）理解最深的专家，在历次大战中立于不败之地。而他对只会低头干活，不会思考战略问题的人，毫不掩饰地鄙视。他说：“多数人为了逃避真正的思考，愿意做任何事情。”

在刚开始创业时，王兴很青涩，走了很多弯路，但是现在的王兴，被公认为是洞察力很强，理论水平很高的企业家。

> 敏锐的观察力、强大的记忆力、缜密的逻辑力、丰富的想象力、强大的学习力组成了领导能力框架中的基本能力层面。

二、领导能力层面

珠海格力电器股份有限公司董事长兼总裁董明珠可以说是一位叱咤风云的女性传奇领导者。她36岁南下打工，近三十年间从业务员一直升任到现在的职位，曾被美国《财富》杂志评为全球商界女性50强。在1990年进入格力时，董明珠连营销是什么都不知道，但却凭借自己的坚毅和“难缠”，连续40天追讨前任留下的42万元债款，成为营销界茶余饭后的经典故事。因为董明珠的“难缠”，竞争对手形容她“走过的路难长草”。1996年空调业凉夏血战，已升为销售经理的董明珠着眼大局，决断宁可让出市场也不降价，带领23名营销业务员奋力迎战国内其他厂家成百上千人的营销队伍，并宣布拿出1亿元利润的2%按销售额比例补贴给每个经销商，促使该年格力销售额增长17%，首次超过春兰。此一役，助她迅速登上格力副总经理之位。

2001年，董明珠就任格力集团总裁，在她的努力下，格力摆脱了传统制造业以制造来营利的模式，而是靠“以品牌附加值为中心、通过低成本渠道扩张以及低资金占用成本”这三大模式来赚取利润，并成为白色家电行业内的领导型公司。在长期的市场实践中，董明珠摸索出一整套独特的经营方式，销售模式连年创新，被空调界同行及新闻媒体誉为“格力模式”，其独创性的区域销售公司模式还被经济界、理论界誉为“21世纪经济领域的全新革命”。格力电器也在她的带领下从一个当初年产不到2万台的毫不知名的空调小厂，一跃成为今天拥有国内外14个生产基地，近9万名员工，2018年公司营业总收入2000.24亿元、净利润262.03亿元、纳税160.23亿元的知名跨国企业。

销售出身的董明珠在总裁位置打拼多年后，发现工业精神和技术的金字塔尖才是她和企业存在的意义。她带领格力坚持创新驱动，设立14个研究院，共有94个研究所、929个实验室、2个院士工作站等研发机构，扩大技术人才储备，并提出研发经费“按需投入、不设上限”，目前申请国内专利51664项，其中发明专利24116项，国际专利1706项，在2018年国家知识产权局排行榜中，格力电器排名全国第六，家电行业第一。格力电器现拥有24项国际领先技术，获得国家科技进步奖2项、国家技术发明奖1项，中国专利奖金奖4项。

董明珠卓越的经营才能和领导水平，得到了社会各界的好评。“董明珠很倔强，只要她认为是对的，没有人可以说服她，即使成为众矢之的，她也不会退让半步。”“董明珠坚守原则，为了原则，她可以和哥哥反目成仇，可以弃自己的职位不顾而和公司领导对抗。”“董明珠很霸道，霸道得无论和谁谈生意，都时刻把主动权掌握在自己手里，她不惜开除公司最大的经销商，甚至和国美‘叫板’。”“董明珠成功的背后，是她对员工的关心，对人性的关怀，对社会的关注，还有她提出的‘大工业精神’。”

领导能力层面处于能力框架的中枢地位，是每一位青年领导者驱动领导力所依赖的核心条件，是多项领导技能的系统化生成，主要包括驾驭全局的技能、筹划决断的技能、识才辨贤的技能、企业协调的技能、应变创新的技能、人际交往的技能及准确表达的技能等。

（一）驾驭全局的技能

领导者处于管理系统的中枢地位，对整个系统负有全盘的责任，因而必须具有驾驭全局的能力，善于从战略上把握事态、高屋建瓴，处理和协调好各方面关系，以确保整个系统有序运行。驾驭全局的技能是领导能力层面的重要组成部分。作为一名领导者，没有大局观，不能驾驭全局，便无法引领和影响他人实现目标和理想。

（二）筹划决断的技能

领导者既需要具有战略头脑、运筹全局，又需要遇事果敢、善于筹谋、敢于拍板定案，能够在错综复杂的情况下判别事物的本质，从多种方案中选择出最佳的方案，不失时机地正确决策。

（三）识才辨贤的技能

领导者要具有识才拙、辨贤愚的能力，见微知著，善于从小事识人，始终保持清醒的头脑，不被人们的表面现象甚至假象所迷惑。同时，还要有调配人才的技术，因才施用、人尽其才、才尽其用。

（四）企业协调的技能

领导者不仅负有做决策的职责，而且更负有实施决策的重任。在实施决策中，领导者既要掌握科学决策的方法，也要有把人、财、物等资源优化组合起来的技巧，使它们形成一个相互配合、协调一致、运转灵活的有机整体。

（五）应变创新的技能

随着科学技术的迅猛发展，当今世界变化异常迅猛，因而青年领导者必须具有应变创新的能力和技术。思维活跃，富有胆识，不迷信权威，不迷恋偶像，不为过时的老观念、老条框所束缚，善于捕获信息，不断提出新观念，想出新办法，创出新水平、走出新路子，不断发现，有所突破，敢于革新。

（六）人际交往的技能

领导者必须掌握人际交往和社会交往的技能，学会换位思考，听懂弦外之音，善于与各种人相处，并能和他们愉快地沟通思想、交流看法，善于使用不同的方法去说服不同的人，能感召和折服他人。

（七）准确表达的技能

表达技能指一个人把自己的思想、情感、想法和意图等，用语言、文字、图形、表情和动作等技术清晰明确地表达出来，并善于让他人理解、体会和掌握。这里我们主要强调口头表达技能和文字表达技能的培养。

（1）口头表达技能。口头表达技能可以理解为口才。善于通过富有感染力的语言来表达自己，并且能对他人的思想、行为和情感产生影响，将会极大程度地促进领导力的发挥。而相反，如果一个人口才不佳，像壶里有饺子倒不出来一样，那对自己是非常不利的。训练口才要把握以下几点：第一，努力学习和掌握相关的知识，仅就口才论口才是远远不够的。优秀的领导者会频发金句。例如，苹果公司创始人乔布斯在说服时任百事可乐公司总裁约翰·斯卡利加入苹果公司时，就是用“你是想卖一辈子糖水，还是想跟我一起去改变世界?”这句经典之语迅速擒获了后者的心。出色的口头表达是由多种内在素质综合决定的，它首先需要冷静的头脑、敏捷的思维、超人的智慧、渊博的知识及一定的文化修养。为此，需要努力学习和积累有关理论、知识和经验。第二，努力学习和掌握相应的语言技巧。在表达时要注意：准备充分，以情感人，充满信心和激情；以理服人，条理清楚，观点鲜明，内容充实，论据充分；注意概括，力求用言简意赅的语言传达最大的信息量；协调自然，恰到好处地以手势、动作、目光、表情帮助说话；表达准确，吐字清楚，音量适中，声调有高有低，节奏分明；幽默生动，恰当地运用设问、比喻等修辞方法及歇后语、典故等，使语言幽默、生动；注意听众的反应，及时调整。第三，积极参加各种能增强口头表达能力的活动，如演讲会、辩论会、班会、讨论会、文艺晚会、街头宣传、信息咨询等，要多讲多练。

（2）文字表达能力。文字表达与口头表达一样，是人们交流思想、表达思想的工具。培养文字表达能力有一些基本方法：第一，多阅读，勤思考，积累素材。多读一些名著和名人传记，如果看到比较好的文段或是句子，就把它摘抄下来，有的还需要背诵下来。第二，多接触社会，感受生活。让自己的心真正投入社会生活中，这样才能做到有感而发。多读，多看，多写，还要多观察生活。第三，多练笔，寻找灵感。可以有感而发，也可以记录生活，多多练笔，自然就会慢慢地提高文字表达能力。

领导能力层面处于能力框架的中枢地位，由多项领导技能的系统化生成，主要包括驾驭全局的技能、筹划决断的技能、识才辨贤的技能、企业协调的技能、应变创新的技能、人际交往的技能及准确表达的技能。

第五节 善于情绪管理

与人相处时，记住你面对的不是理性动物，而是情感动物。

——戴尔·卡耐基

从20世纪90年代开始，心理学界就掀起了情绪研究的热潮，特别是丹尼尔·戈尔曼（Daniel Goleman）提出的具有革命性的概念——情绪智商（情商EQ）将人们对情绪的关注推向顶峰。丹尼尔·戈尔曼教授认为，一个人的成功=80%的情商（EQ）+20%的智商（IQ），并且领导位置越高，情商的作用就越大，在高层领导身上，情商的作用更是高达85%以上。良好的情商是一种重要的驱动性特质，它能够帮助你成为一个鼓舞人心、影响深远和身心健康的领导者，善于识别和控制自己和他人情绪的能力越来越成为领导者不可或缺的核心技能。

一、情商

所谓情商，是“情绪商数”的简称，也叫情绪智商，是美国哈佛大学心理学博士丹尼尔·戈尔曼在《情绪商数》一书中提出的概念。他认为，情商是“能够感知、辨认、理解、成功管理自己和他人情绪的能力”，主要由五种能力组成，即认识自身情绪的能力、管理自己情绪的能力、自我激励的能力、认知他人情绪的能力和人际关系的管理能力。

（一）认识自身情绪的能力

认识并理解自己的情绪起伏及情绪是如何影响生活和工作的，这是情商的基本点。能够了解自己情绪的人才可以更好地控制自己的生活。作为领导者应能够有意识地觉察自身情绪，在面对重大决策、调整工作、人事问题的答案并不清晰明了时，良好的情绪自知力和自信心有助于精确地判断自己的优势和弱势。

（二）管理自我情绪的能力

自我管理的核心是能够控制破坏性的、无效的、有危害的情绪和期望，很快镇静下来，调整心态，把握住自己。那些善于管理自己情绪的人，更能够控制压力，迎接挑战，成就事业。

2018年5月14日，四川航空公司3U8633航班在成都区域巡航阶段，由于驾驶舱右座前风挡玻璃破裂脱落，机组实施紧急下降。在整个特情处置过程中，过程相当惊险、应对非常不易。驾驶舱瞬间失压，气温迅速降到零下40多摄氏度（监测显示，当时飞机飞行高度为9700多米，气温应该为零下40摄氏度左右）、风流又大，当班机组穿短袖衬衫，副驾驶一度被吸出机外，所幸他系了安全带。风挡玻璃脱落时对客舱设备造成了损坏，很多设备显示不工作，在多数仪器失灵的情况下，对飞行员的生理和心理都是严峻的考验。机长刘传健凭着过硬的飞行技术和良好的情绪管理能力，处理过程镇定果断，从无线电录音中听，机长是比较镇定的。最终，在民航各保障单位密切配合下，机组正确处置，飞机于2018年5月14日07:46分安全备降成都双流机场，所有乘客平安落地，有序下机并得到妥善安排。此次返航备降成功，确实非常不容易。

（三）自我激励的能力

面对挫折和失败依然坚持不懈的能力。凡是能自我激励的人，做任何事成功率都比较高。这类人往往具有很强的成就动机和奉献精神，对生活和工作持有积极的态度，跌倒了，爬起来，不服输。因此，优秀的领导者不仅要能激励他人进取，还要善于自我激励。

俞敏洪，现任新东方教育科技集团董事长兼总裁，在全球拥有十八所新东方学校、两家专业研究机构、五家子公司及北美分公司，业务涵盖教育研发、图书杂志出版、在线教育、教学软件开发、文书写作、留学咨询等多个领域。在总结他的成长创业道路时，我们可以发现他是一个善于自我激励的人。他曾说："我总结人生中遇到的几个挫折，后来发现这些挫折对于我来说带来的都是好处。高考前两年失利，第三年考上了北京大学；在大学期间得了一场肺结核，以为自己的人生从此就要完蛋了，结果在医院里读了300多本书，背诵了10000多个英文单词，结果变成了我们班词汇量最大的人；因为词汇量最大，我留校当了老师，因为词汇量大，我在中国第一个教GRE词汇；因为教GRE词汇，想起来开办新东方。我到美国大使馆连去了3次，拒签。当时我觉得所有的朋友都在国外，而自己很悲惨，好像所有的路都被堵上，但是天无绝人之路，结果新东方就出来了，我后来换了一种心智模式。所以，任何一个等待、绝望、生命中的伤痛，都有可能反过来，把你一辈子打造得更加完善、完美。如果你这么想的话，你遇到很多事情，就会敢于继续往前走，去探索了。"

（四）认识他人情绪的能力

体味他人情感的能力，具有同理心。同理心是能"设身处地"地、快速地站在对方立场上进行直觉判断。了解他人的情绪、性情、动机、欲望等，并能做出适度的反应。在人际交往中，常从对方的语言及其语调、语气和表情、手势、姿势等来做判断。常常真正透露情绪情感的就是这些表达方式。故捕捉人的真实性情绪情感的常是这些关键信息，而不是对方"说的什么"。

（五）人际关系的管理能力

人际关系就是管理他人情绪的艺术。一个人的人缘、领导能力、人际和谐程度都与这项能力有关，充分掌握这项能力者通常是社会上的佼佼者。 有效的领导是领导者通过各种途径调动、满足和重塑追随者的需要和其他动机，最终提高团队的整体实力和整体绩效。 由此可见，情商的精髓是对他人情感的感知和对自身情感的敏感度，以及对上述情感的控制，在影响他人的同时也体现了个人的内在修养，对其事业发展及生活幸福指数具有重要影响。 所以，强者让思维控制情绪，弱者用情绪控制思维。

2001年美国纽约发生了令人毛骨悚然的“9·11”事件，这是一场巨大的灾难。 在康涅狄格州的一家技术经济公司里，它的首席执行官马克·楼尔是这样做的：在得知公司很多人失去了朋友、同事，甚至家人后，第一反应就是要在第二天邀请所有的职员到他办公室来，不是为了工作，而是为了和他们沟通，一起缅怀亲人，倾听和安慰他们的情感，和员工探讨现在应该做什么，用实际行动给予支持。 在后来的几天里，他和那些悲伤哭泣的人们待在一起，敦促他们谈论将要克服什么困难，接下来要做什么事情。 每天晚上他都会给全公司的人发送一封邮件，谈论自己对此次事件的个人感想。 正是因为他与全体员工积极进行情感沟通，在巨大的灾难面前人们才能有勇气去面对和克服失去亲人的痛苦，走出生活的阴影，投入工作，把悲痛转化成努力工作的热情，也这是因为情感智慧的力量，让马克·楼尔更加具有领导者魅力。

这就是高情商领导的力量，融合了自我情绪控制、高度忍耐和高度人际责任感的艺术。 情商对领导者特别重要，这是因为领导的精髓在于使他人更有效地做好工作。 一个领导者的卓越之处，在很大程度上表现在他的情商。这就是有时人们不是推举一些特别聪明的人做领导，而是推举一些能关心别人、与人关系融洽的人做领导的原因。 相比之下，情商高的人更能为众人办事，也更能发挥和调动群体的积极性。

二、情商与智商

情绪是非理性的，它常常走在理智的前面。心理学家认为：情绪特征是生活的动力，可以让智商发挥更大的效应。智商使人抓住机遇，情商使人能利用机遇，人们常说：“靠智商得到录用，靠情商得到提拔。”对于一个人的成长进步而言，智商和情商的提升都是不可或缺的，但是情商水平的高低对一个人能否取得成功的影响作用，有时甚至要超过智力水平。有研究曾考察了朗讯科技公司中被同伴评为“工作之星”的工程师，发现这些高成就者的特点是情绪智力，而不是认知智力。一个人在校成绩优异并不能保证他一生事业成功，也不能保证他攀升到企业领导地位或专业领域的巅峰。虽然并不否定在校的学习能力，但在今天这个竞争日益激烈的社会中，这绝不是成功的唯一条件。

（一）智商高、情商高——事业有成

智商高、情商高的人往往学识渊博、工作能力强、与人为善、情绪稳定，适应环境能力强，对外界、上司和同事没有过分苛求，对自己有适当的评价，既不妄自菲薄也不妄自尊大，不因外界的影响而“热胀冷缩”，在受到挫败时能重整旗鼓，并能不断提高自身心理素质，从不怨天尤人或悲观失望。这类人能掌控自己和别人的情绪，能够用理性控制冲动，从容豁达、宠辱不惊，能够赢得别人的敬重与信赖，拥有良好的人际关系，人脉很广，容易取得事业成就。

（二）智商低、情商高——贵人相助

“学科交叉、知识融会、技术集成”的现实告诉我们，“孤胆英雄”的时代已经过去，个人的作用在下降，群体的作用在上升。要成就一项事业，需要一个群体的共同奋斗，需要众多人的智慧碰撞。智商不是很高但情商高的人虽然学识积淀不深厚，但是他们掌控自己和掌控别人情绪的能力很强，有

较强的自我控制能力，有良好的人际关系，要干事业时很容易在自己周围形成一个关系网络，各种人才群体和各种社会资源都会沿着人脉网络汇聚到他的身边，成就其事业。

（三）智商高、情商低——怀才不遇

智商高、情商低的人的一般表现：当环境发生改变时，不易适应环境；当个人诉求未能满足时，不能委曲求全；凡事要求团队效率，不能顾全大局，无法获得拥戴。他们往往自恃智商高，愤世嫉俗、喜欢抱怨、孤芳自赏，常常为自己周围并不理想的环境所困扰，不善于控制自己的情绪，孤傲任性，与同事关系淡薄，与上级领导看法格格不入，往往陷入孤立的境地，常常与机遇失之交臂，虽然身怀绝技，但处处碰壁，时常感到怀才不遇。

（四）智商低、情商低——一事无成

智商低、情商低的人知识贫乏又不思进取，心智质量很差，没有思想，没有思路，既不聪明又不勤奋，人懒惰也无人赏识，即使有成功的机会，也无法抓住机会、成就事业，最终被淘汰出局。

所以，对于青年而言，在学好专业课程的同时，需要注意情商的修炼，这样才能在未来的职场生涯中成就自我，成就他人，成就事业。

> 丹尼尔·戈尔曼认为，真正影响成功、人品、幸福和一生成就的，是一套情绪技能（情商），而不是纯粹的、由传统智商测试评价的认知能力。

三、情商对领导力的影响

在领导力理论发展过程中，情绪一直被视为及其重要的一个内容。在科学的管理模式中，“领导”早已不单单是享有权力的发号施令者，而是越来越多地承担起了情绪引领者的责任。如果一个领导者不受团队成员的尊敬和拥戴，没有追随者而一味单干，他的领导力是发挥不出来的。而现代领导理论

认为，领导者的影响力不单是指职位所赋予的权力影响力，更是指通过个人的魅力、情感因素影响他人，这种影响力的高低与情商密不可分。

（一）情商决定领导者的追随者数量

现代社会的领导观强调情感领导，那种完全靠权力为主要力量的时代已经不复存在。没有追随者就是光杆司令，有人拥戴和追随源于信赖领导者的人品，认同他做出的决策，理解他做事的初衷，只有这样被领导者才会心甘情愿且义无反顾地追随。所以领导力是一种统领人心的综合能力。一个人对他人的影响力的来源不仅是权力，更多的是情感，以高尚的情感激励人，才是文明时代民主领导的精髓。

（二）情商影响领导方式的科学程度

领导者情商的高低，影响着企业的未来和发展方向，更决定领导方式的科学程度。不科学的领导方式会使得领导者在协调各种工作矛盾时，因方法不当、情绪失控、语言过激，导致简单的工作复杂化，矛盾不断升级。高情商的领导者一般遵循科学的领导方式，倡导民主氛围和科学领导，用合理的方式说服其他人对自己方式的服从和认可，同时给不同意见以某种程度的肯定并采纳合理的建议。而且，情商高的人往往能保持开放的态度，善于学习，乐于学习，能与时俱进，不断学习先进的管理经验，不断提高自身领导能力；善于听取不同的意见，善于对不同的意见进行正确分析和处理，提高决策和管理的科学性。

（三）情商决定领导者应对突发事件的能力

高情商的人能巧妙、灵活、自如地应对突发情况和事件，能够做到临危不乱，泰然处之。作为一个高情商的领导者，要具备很强的逆境承受力和冷静判断力。因为，现代的领导在管理中经常面临各式各样的困难和问题，工作压力巨大，逆境中领导者的心态决定某个事件的处理结果，如果遇事易冲动而丧失理智，控制不好情绪，就不能处理好复杂人际关系和突发的情况，容易导致领导角色的失败，不能很好发挥领导力。

孙子曾在《九地篇》中对情绪失控的危害性做了深刻的分析，即“将军之事，静以幽，正以治”。这是说，军事指挥官要有大将风度，遇险情时沉着冷静，临危不惧，处变不惊，做到喜怒不形于色，严正而有条理。在战场上，如果能处变不惊，从容对敌，就可以化险为夷。在面对突发事件的险境，一个成熟的领导者要善于控制自己的感情，以理性来化解险情。如果不具有这种大将风度，而为情感所左右，容易铸成大错。

公元前203年，刘邦战败于荥阳，情势危急，而韩信不但不来救援，反而拥兵自重、自立为“王”。刘邦失望之余并没有失控，而是假怪韩信：“大丈夫定诸侯，即为真王耳，何以假为？”并立其为齐王，韩信闻讯立即率军支援，为成皋大败项羽打下坚定的基础。历史告诫我们：许多情况下，领导者控制语言能力的强弱，不仅关系到其领导活动效率的高低，有时甚至会决定其事业的成败。历史的经验和教训无不告诉我们，一个真正能驾驭自己情感的领导者应该做到：盛怒之时不主事，狂喜之下不许诺；郁闷之际避仇敌，得意之时避密友；喜怒至极宜慎言，烦躁至极应慎行；众怒面前我制怒，众喜面前我抑喜。

（四）情商影响工作绩效

愉快、积极的情绪有利于增强对工作的兴趣；而不愉快、消极的情绪会使人产生逃避行为，效率低下。如果你是一名领导者，那么你的情绪还会对周围的工作人员产生重要的影响。领导者若能以“增力情绪”感染周围员工，在团队中形成一种积极的情绪状态，可使其感到热情高涨、精力充沛、思路开阔、思维敏捷、并富有创见性；反之，若“减力情绪”增加，则易思路闭塞、思维迟钝、无创造力，从而造成工作效率及效果的降低。

美国曾做过一项权威调查——“人在职场，情商PK智商谁做主？”。调查结果显示，美国近20年来无论是政界还是商界的成功人士的平均智商仅仅为中等水平，而情商却很高。一项对世界500强企业员工的大规模调查的数据显示，企业中的员工，智商:情商影响比例为1:2，而在公司的高层，这个比例差距会更悬殊，甚至达到1:6。

因此，要想成为一名优秀的领导者，发掘自我的情商潜能，需要有效地管理自己的情绪，调动他人的情绪，使他人随着自己的情绪舞动。

> 想要成为一名优秀的领导者，你需要从现在开始学会识别并管理自己的情绪状态，这样消极的情绪就不能歪曲你的判断，打扰你的思维，削弱你的领导力，同时要能够发展出乐观、热情，树立积极的角色，这样才可能会有人愿意追随。

四、如何培养情绪管理的能力?

心理学家弗洛伊德曾说过，学习掌握自己的情绪是成为文明人的基础。情绪管理的目的在于合宜地规范个人行为，使个人能良好地掌握自己的情绪，成为名副其实的文明人。作为未来的职场人，自己的情绪不仅影响自身的身心健康、工作效率，甚至会影响职业发展。情绪管理的能力是所有领导者都必须具备的基本能力，它能帮助你成为一个鼓舞人心、影响深远和身心健康的领导者。曾有一项研究考察了 11 位美国总统的成败——从富兰克林·罗斯福到比尔·克林顿。研究者采用五项品质来评估他们：沟通、政治技能、愿景规划、认知风格、情绪智力。研究发现，总统执政的关键品质是情绪智力。

如何才能更好地管理我们的情绪状态及认知他人的情绪呢?

(一)认识自己的情绪，培养情绪的自觉力

情绪管理的第一步就是要先能察觉我们的情绪，清楚地知道自己处于怎样的情绪状态。了解自己的情绪是情商的基本点。

了解情绪的周期性。一个完整的情绪周期，将依次经过高潮期、临界

期、低潮期，然后再进入临界期、高潮期，循环反复。当处于情绪高潮期时，心情愉快，与人相处融洽，办事效率高；当处于情绪低潮期时，情绪低落，信心不足，工作容易出现差错和事故；当处于情绪临界期时，心情烦躁，情绪不稳，容易冲动。科学研究表明，人的情绪周期与生俱来。从出生的那一天开始，一般以 28 天为一个周期，周而复始，循环往复。每个周期的前一半时间为“高潮期”，后一半时间为“低潮期”。在高潮期与低潮期之间，称为“临界期”，一般为 2 至 3 天。情绪临界期虽然持续时间较短，但对人的影响却非常大，我们所做出的冲动的、伤害性的、攻击性的事件往往更容易发生在这个阶段。经过平时仔细体会和总结之后，我们可以掌握自己的情绪晴雨表，对思想中产生的各种情绪保持高度的警觉性。

此外，人的情绪多种多样，复杂而多变，但并非完全不可控制。心理学上情绪分为两大类：积极情绪（高兴、感动、愉悦、平和、坦诚等）和消极情绪（嫉妒、焦虑、憎恨、烦躁、抑郁等）。这些情绪是可以相互转化的，如：羡慕→妒忌→憎恨→陷害；羡慕→亲近→学习→超越。能够把自己的情绪向上发展的人是高情商的人。

所以，只有认清自己的情绪，了解引发它的原因，找出有效的应对方法，那么我们才可能做情绪的主人。

（二）调节自己的情绪，增强情绪的自控力

情绪调控的能力很难自然形成。因为我们的大脑直到 5 岁左右才基本发育成熟。在此之前缺少理性思维，所以身边发生的事情会在我们大脑没有完全发育的情况下被定义。比如，我们感受到的害怕、恐惧、愤怒、悲伤、尴尬等，这些反应会在我们的头脑中定型，在接下来的生活中，我们就会情绪性地以同样的方式做出类似的反应——除非我们自己意识到这一点，除非我们在情绪调控方面做出一些个人努力来改变自己的神经通路。所以，反应机制很容易形成，而情绪调控的能力很难自然形成。它需要个人付出努力，一

个人越有能力调控好自己的情绪，就越容易清晰地进行思考、维系好和他人的关系、规划并解决问题，防止因情绪失控造成的疏漏和损失。

（1）合理宣泄。当情绪发作时，人体内潜藏着一股能量，须借情绪的发泄来加以释放，否则积聚起来，将有害身心。直接的宣泄可以针对引发情绪的刺激来表达情绪，间接的宣泄则包括唱歌、跳舞、做运动、记日记、向朋友倾诉等方法。

（2）情绪转移。心理学研究表明：当一个人产生某种情绪时，头脑里就会出现一个较强的兴奋区。这时，如果另外建立一个或几个兴奋区就可以抵消或冲淡这个较强的兴奋区。所以，当火气上涌时，有意识地转移话题或做点别的事情来分散注意力，便可使情绪得到缓解。在余怒未消时，出去走一走、做家务事、打电话、拼图、看电视电影、听音乐或从事打球、跑步等运动，可以避免情绪继续恶化。

李世民和魏征，千百年来，可谓是明君与诤臣的典范，君明臣贤组合，几乎全靠李世民达成。有一次，魏征在上朝的时候，跟唐太宗争得面红耳赤。唐太宗实在听不下去，想要发怒，又怕在大臣面前丢了自己善于纳谏的好名声，只好强忍。退朝以后，回到内宫，见了长孙皇后，气冲冲地说："总有一天，我要杀死这个乡巴佬！"长孙皇后得知是魏征，一声不吭，回到自己的内室，换了一套朝见的礼服，向太宗下拜。唐太宗惊奇地问："你这是干什么？"长孙皇后说："我听说英明的天子才有正直的大臣，现在魏征这样正直，正说明陛下的英明，我怎么能不向陛下祝贺呢！"这一番话就像一盆清凉的水，把太宗满腔怒火浇熄了。以后，魏征每一次讲完话，唐太宗就出去散步，日子久了，就有大臣问他："皇上，为什么魏大臣每次讲完话，你都出去散步呀？"唐太宗说："我怕错杀了他！"

（3）学会放松。什么是放松？放松是让心身处在一种舒适的状态，方式有冥想放松、音乐放松、想象性放松、渐进式调息放松、呼吸放松等。当你的情绪触发了你的呼吸变化时，你可以利用呼吸练习释放自己被压抑的情绪，这些练习对于缓解恐惧和愤怒非常有效。

（4）改变认知。思维方式决定人的心理感受。心理学家埃利斯提出了一个 ABC 理论，他认为所有的痛苦和你选择的信念系统是有关的，如果改变了观念，不良的情绪就可能发生改变。A（activating）代表引发事件，B（beliefs）代表个人持有的信念，C（consequences）为最后的结果。即事件本身（A）并不是情绪反应或行为后果（C）的原因，人们对事件的非理性观念或信念（B）（想法、解释、看法）才是真正的原因。因此，在埃利斯看来，调控 B 才是解决情绪问题的根本方法，对不合理的信念加以驳斥和辩论，使之转化为合理的信念，最终改变情绪。

有研究跟踪调查了美国 30000 名成人八年，调查者询问人们，过去一年你感到多大的压力？压力对你的健康有害吗？然后他们通过公共死亡记录，找出去世者。结果发现，在过去一年里感到压力很大的人，死亡风险上升了 43%，但这只适用于那些认为压力有害健康的人，那些承受了很大的压力但并不认为压力是有害的人，死亡的概率几乎没有上升。所以，认为压力有害的信念对我们的健康非常不利。

（5）自我暗示。即运用内部语言或书面语言的形式来调节情绪的方法。这个概念是法国的医师库埃于 1920 年提出的，他的名言就是“我每天在各个方面都变得越来越好”。暗示分为积极的和消极的。积极的暗示可以令我们保持好心情、乐观的情绪、自信心，从而调动人的内在因素，发挥主观能动性；消极的自我暗示会强化我们个性中的弱点，唤醒我们潜藏在心灵深处的自卑、怯懦、妒忌等，从而影响情绪，影响生活。自我暗示对人的情绪乃至行为都会有一定的影响和调节作用。

总之，调节情绪的方法多种多样，选择适合你的去练习，这些建议会帮助你停止责备自己或他人，避免把精力浪费在毫无意义的工作上，逐渐摆脱糟糕的情绪。

（三）了解他人的情绪，提升情绪的理解力

能够与他人保持良好的沟通，是一个优秀领导者所应具备的基本素质。

而沟通的前提和基础是能够领会和识别他人的情绪，能够从各种细微的信息中觉察他人的情绪与需求，破译对方的内心世界，从而有效地调节和改善双方的关系，增强彼此的心理相容能力。识别他人情绪的方法多种多样，可以通过看表情、听语气、观察肢体语言等，这些都可以从某个侧面反映出一个人的内心世界。然而，成年人往往习惯于掩饰自己的真实情绪，如果单凭观察的方法就会稍显不足。所以，要想真正地体察他人的情绪，需要体会他人的立场和感受，置身于他人的情绪和情感空间之中，站在他人的角度去思考和处理问题，乐于理解和帮助他人，才更容易赢得他人的信任。

（四）注意人际的互动，提高情绪的共情力

共情是一种情绪能力。心理学家将其定义为准确推断他人特定想法和感受的一种能力，也称之为移情、同感、投情等。简单地说，就是换位思考。具体而言，共情力包含以下内容：①将心比心。能够将当事人换成自己，设身处地去感受和体谅他人。②感觉敏感度。体察自我和他人情绪、感受的能力。③具有同理心。听到说者想说，说到听者想听，能以对方有兴趣的方式，做对方认为重要的事情，用心倾听别人的想法，将自己的高度调整到对方视线平行的角度，通过呼吸的调整、眼神或肢体的接触，深入地了解他人的情绪，营造同理感，从而影响他人。共情的能力是需要在人际互动中体会和提高的。

因此，要想成为理想的领导者，你必须对自己的行为负责，学着管理自己的情绪。这并不意味着极端地控制和压抑自己的情绪，而是意味着你在大多数情况下能够适当地表达自己。当人们感觉到正在掌握局面的人能够对他们坦诚相待并做到言行一致时，他们就会感到放松，他们身上与恐惧有关的化学物质就会随之消失，之后他们就会利用自己的技能和资源来支持你作为他们的领导者，并帮助你实现自己的目标和愿景。所以，你越是能够控制好自己的情绪，人们就越能感觉到和你在一起很有安全感。一旦你与他人开诚

布公地进行交流，他们也会这样对待你，人们会看到你对自己负责，因此接受你的领导，优秀的领导者需要情绪调控能力。

情绪是生命不可分割的一部分：没有某些情绪的人其实是不完整的，其人生不是有欠缺，就是极至痛苦。

情绪从来都不是问题：情绪本身不是问题，只是一个症状而已。

情绪是教我们在事情中该有所学习：情绪是个信号，提醒人生中有些事情需要处理了。

第六节　打破思维定势

最成功的领导者能够看到尚未变成现实的图景，他能够看到在当前的环境中孕育生发但仍未露头的东西。

——玛丽·帕克·芙丽特

哈佛大学曾研究了20世纪排名前100的商业领导者，发现这些领导者具有一个共同特点，研究者称作“语境才能”，他们感知社会、政治、技术、经济的时代环境，运用的思维模式可以帮助企业做出最恰当的反应。时代快速变化，从不间断，对于领导者来说，决定成功最重要的要素就是改变、扩宽思维模式的能力。面临新的现实状况，领导者依旧坚持老旧的思维模式会使企业很脆弱。

黑莓智能手机市场份额急剧下滑，因为行业动态研究的领导者依旧持有适用于过去的思维模式。苹果和三星智能手机的推出使市场环境快速变化，黑莓的这些领导者很难转换思维模式，从而无法使企业具有竞争力。另外，苹果的领导者，尤其是史蒂夫·乔布斯（Steve Jobs）在世时领导苹果的那些年一直都在转换、扩宽自己的思维模式。一名采访过乔布斯的研究人员说，苹果如此成功的重要原因是乔布斯在重组问题、转换思维模式方面是天才，他能转化自己的、员工的、同事的、顾客的思维模式。苹果手机推出之前，没有人想到类似应用商店的方式或者想到可以向无线运营商收取费用，等等。然而很可惜，很多领导者被禁锢在自己的弱点和思维里，没有意识到自己在用局限的思维做决定、行事。

一、思维与定势

所谓思维，是人脑对客观事物本质和规律的反映，是人们运用概念进行分析、综合、判断、推理的认识过程，思维总是在一定方式下进行的。受价值观、态度、信仰、偏见、学识、经验、经历等影响，每个人会形成自己的思维方式（也叫思维模式），它是在实践基础上形成的，认识客观现实、反映和把握客观现实的相对稳定的方式。它是影响领导者思想、行为、人际关系的内在画面。当思维方式形成习惯和固着时，就形成了思维定势（也称思维惯性），它是心理活动的一种准备状态，这种准备状态有时有助于问题的解决，有时会妨碍问题的解决。定势是一种习惯，它的刻板性会强烈限制我们的思维和行动，有时也会限制我们根据实际情况灵活地解决问题。当人们根据以往的经验认为自己已经掌握了某种情形的全部知识时，就会由于思维的惯性，死板地守着过去的某种事实，拒绝使用多重视角变通地考虑问题。

思维定势的形成是由于人们过去在学习过程中形成了认知的固有倾向，在惯性的作用下，这些思维模式与当前的新知识、新问题相互作用，从而影响到人们对新知识的掌握和问题的解决。因此，要想扩展思维性特质，就需要个体在面对新问题、复杂性问题，用老办法解决不了时，学着忘掉自己的习惯性观点，接受新观点。打破思维定势，意味着丢掉先入为主的观念、暂时搁置固有的信仰和想法，要像新人的思维一样。尤其当成为某个特定领域的专家时，思想通常不会对他人的意见开放。

心理学家伊丽莎白·牛顿（Elizabeth Newton）做了一个实验，来证实专家型思维的存在和弊端。实验中，让一组人属于“敲击组”，他们拿到列有很多著名歌曲的清单，在桌子上用手指敲出曲子的节奏。敲击的人说他们认为倾听者会猜对一半以上的曲子，事实上，敲击的120首歌曲中倾听者只猜对了3首。这种情况下，敲击者可能具有“专家思维”，因为自己对这些歌曲太了解，很难理解为什么倾听者听不出来。专家性思维对于解决新局面新问题时，有可能会因为过去的经验和知识而拒绝接受新想法。

真正的领导通常是接受新思想的开放头脑，不是批评新思想的保守大脑，通常是乐于打破常规，接受他人非传统的想法，在大是大非面前勇敢地拒绝错误想法的人。现在世界的变化之快，未来难以预测的程度远远超出了我们的想象，事物的复杂多变，使我们失去了由过去推知未来的大部分能力。人们的选择成指数增加，当我们在做决定的时候，可以参考无数新涌现的信息，当信息的波动性（V）、不确定性（U）、复杂性（C）及模糊性（A）在不断增加时，就要求我们的思维不断革新，打破思维定势。然而，正如多种研究结果表现的那样，我们的大脑并不喜欢这种转变，我们一般会采取的模式是进行简化。如果我们要创造新的行为模式以在这个新的世界进行思考和行动，就必须进行一番努力。我们需要采取不同的交谈方式、搜集信息的方式及建立未来策略和计划的新方式。我们需要新的思维方式来拓宽视野，让我们在应对世界的复杂性时能更周到。

IDEO是全球顶尖的设计公司，成立于1991年，凭借着产品发展及创新，在全球多个城市设有分公司，其业务涵盖产品设计、设计顾问服务等，设计领域涉及人机界面、工业设计、软件设计等。为了及时地适应变化与创新，其创始人托马斯·凯利就曾经说过：“IDEO在很大程度上是一个永远处在实验状态中的工作实验室，我们希望能够营造无拘无束、宽松开放、生机勃勃的环境，让员工们能够不断地尝试新的想法，充分发挥他们的创造力，如果每个人都遵守规矩，那么企业的创造力就会窒息。”

所以，打破思维定势，对创造性地解决问题、扩展思维性特质有非常重要的作用。

二、青年领导者应该培养的思维方式

在社会经济发展的不确定性和复杂性不断扩大的今天，传统的领导模式已经无法适应环境，领导者需要具有全球化思维，能够打破文化局限、思维局限来思考问题，跳出舒适圈。领导者的思维模式对于企业的成功起到至关重要的作用。

为何之前的“机皇”诺基亚如此厉害，但说倒闭就倒闭了呢？即便是诺基亚被微软收购的时候，其首席执行官都还没有搞清原因，他说：“我们并没有做错什么，但不知为什么，我们输了。”诺基亚这个巨人说倒闭就倒闭，其根本原因就是没有自己的创新，跟不上时代的发展，被自己的沉重肉身拖死的。当智能手机出现的时候，诺基亚最引以为豪的是在所有手机厂商中，它是拥有自己完整生产线的最大厂商。这意味着它对生产的各个环节都有把控力，综合成本控制能力是最强的。但是，智能手机的基本需求是什么？是创新。诺基亚拥有庞大的生产线，就意味着它的创新能力一定是被抑制的。因为生产线是按照之前产品的需求设计的，想创新的话，整条生产线都得调整，成本极高。所以，诺基亚是怎么倒闭的？是被它沉重的肉身拖死的。

青年领导力的培养离不开突破思维定式，学习和掌握科学的思维方式。科学思维的方式主要包括以下内容。

（一）创新思维

创新思维是指以新颖独特的方法解决问题的思维过程。这种思维以超常规甚至反常规的方法、视角去思考问题，往往能突破常规思维的界限，提出与众不同的解决方案，从而产生新颖的、独到的奇思妙想，具有变通性、敏捷性、独创性的特点。

（二）辩证思维

辩证思维就是按照唯物辩证法分析问题和解决问题的科学思维方式，是辩证法在思维过程中的具体化。在逻辑思维中，事物一般是“非此即彼”“非真即假”，而在辩证思维中，事物可以在同一时间里“亦此亦彼”“亦真亦假”。世间万物是互相联系，相互转化，对立统一的。辩证思维通常被认为是与逻辑思维相对立的一种思维方式。

（三）逆向思维

逆向思维又称反向思维。它与常规思维不同，逆向思维是从对立的、完全相反的角度去思考问题，即“反其道而行之”。有时运用正面思维百思不得其解的问题，运用逆向思维却能豁然开朗、轻松解惑。

（四）超前思维

超前思维就是立足现实、着眼未来的思维，依据客观事物的发展规律预测事物的发展趋势，提前做出应变的策略和谋划。具有超前思维的领导者，思考事物不局限于眼前，而是站在事物发展的制高点上考虑。

（五）动态思维

动态思维是用发展变化的眼光看待眼前的事物、判断事物发展的趋势，是一种运动的、不断调整优化的思维活动。企业管理是一个动态的过程，不能用一成不变的眼光看问题，要用动态的思维去判断环境的变化趋势，只有对失误有灵敏、准确、有力地反馈，才可以在实践中完善本不完善的部分，失误也可以得到及时纠正并转化为正确。这样，就可使工作在决策—反馈—再决策的良性循环中不断前进。

(六)发散思维

发散思维也叫立体思维。它是沿着不同的角度、不同的方向思考问题，从多方面寻找解决问题答案的思维方式。发散思维从一个思维对象出发，充分展开想象力的翅膀，使我们的思维纵横交错，构成丰富生动的“意识之网”，而不是一条路走到黑。这其中蕴含着丰富的想象和联想，有着多种方向，可以迅速而灵活地编织多种多样的“意识产品”或解决方案。

(七)聚合思维

聚合思维是以集中思维为特点的逻辑思维，它又叫求同思维、复合思维。它和发散思维是反方向的。比如开会时，在大家发言的基础上，总要把论题和意见集中一下，若把发散看作是民主，聚合就是集中，简单讲就是归纳总结的过程。聚合思维的基本功是抽象、概括、判断和推理的能力。它把遐想千里的发散思维牵引回来，去伪存真，提纲挈领，归纳总结，找到最佳的解决方案。

(八)底线思维

底线思维是一种以底线为导向的思维方法，认真计算风险，估算可能出现的最坏情况，并且接受这种情况。它要求人们凡事从坏处准备，努力争取最好的结果，做到有备无患、遇事不慌，牢牢把握主动权。它要求我们在重大、原则问题上能坚守底线，法律底线不能碰，在经济工作中守住底线，防范风险。

(九)战略思维

战略思维就是考虑问题要有全局性、全面性和前瞻性。古人云：“不谋万世者，不足谋一时；不谋全局者，不足谋一域。”想成为优秀的领导者要能够站在战略全局的高度观察、思考和处理问题，把握和认识事物发展的规律，在实事求是的前提下有一种预见性思维方式。领导者要树立全局观念、讲究系统思考，善于在千头万绪、错综复杂的矛盾中，能够抓方向、谋大势、识大体、管大局，把握发展规律，才能谋求更好的发展。

战略思维的形成是一个极其复杂的过程，需要一个长期的、高层次的观点，不仅包括对过去的反思，也包括对未来的构想，它是领导力的必备元素。作为华为的精神领袖，任正非是极具智慧和远见的领导者，他为华为制定了“三步走”的战略，第一步就是要努力地生存下来，通过艰苦奋斗提供高质量的产品和服务。第二步是建立自己的管理架构，学习西方公司，引入更加全球化的视角，学习的同时懂得“削足适履”。第三步是简化管理，吸引优秀人才，通过有效创新成就客户梦想。在华为发展的过程中始终坚持“不谋全局者，不足谋一域”，坚持适度控制横向扩张,认清 “做鸡头没有意义”，聚焦攻城的突破口。“大势不糊涂”，任正非对世界政治经济形势了然于胸，他十分清楚“和美国的关系可能会出现紧张的一个阶段，要做好充分准备”。因此，华为的每条战线都要收缩一些边缘性投资，同时在关键领域加大投资，避免生命线被卡住。”“小事重细节”，任正非对信息技术发展态势谙熟于心，把握得十分准确，“现在每个产品线都兴奋地横向扩张，这么大的平台去做一个鸡头很容易，鸡头对战略没有意义，会削弱进攻主战场的力量。要坚持不在非战略机会点上消耗战略竞争力量”。华为这些年对运营商业务管理严格，使运营商逐步收缩，不去做些小“鸡头”，控制盲目的横向扩张，收缩到合理水平，聚焦攻取，做足战略准备。此外，华为重视人才培养和科技创新，目前华为有80000多名研发人员，每年研发经费中，20%～30%用于研究和创新，70%用于产品开发。很早以前华为就将销售收入的10%以上用于研发经费，近些年的研发经费仍逐步提升,华为强调终端公司要自力更生，实践证明终端公司完全可以保障自己。

科学的思维方式对企业活动顺利开展至关重要，决定了领导活动境界、决策水平和领导效能。只有具备了高超的思维能力，才能外化为较强的领导能力。

三、打破思维定势的路径

(一)从不同的角度提问

即有意识地从与思维定势不同的方向和角度进行思考，冲破因以往的定势而形成的思维惰性和思想藩篱。美国的伯纳姆曾针对如何进行反定势思维而提出了著名的“三问”，他认为，对于任何一件事情，都可以提出三个基本问题：一是能不能取消；二是能不能合并；三是能不能取代。在美国著名的贝尔实验室的贝尔雕像下面，写着发明家的这样一句名言：“有时需要离开常走的大道，潜入森林，你就肯定会发现前所未有的东西。”思维决定行为，决定在某种情况下什么是可能或不可能，还决定你想问什么问题。很多时候，你的问题会极大地反映你此刻看待世界的方式：思维方式是着眼于现在还是未来？丰富还是单一？看到了威胁还是机遇？是开放的心态还是充满判断或者行动的心态？应当注意，这些思维方式在某些情况下都是正确的。但如果你仅有一种思维方式而不会做出选择，那就会出现问题，是思维禁锢了你，见表 4-5。

表 4-5　从不同角度提问

广泛探索	思维:看到众多可能存在的危险 问题:还有什么可能会出问题？要是……会产生什么后果	思维:创造更好未来 问题:看看这一问题有什么别的角度？如果从一个新的角度考虑这个问题会怎样
局限性决定	思维:减少当前危险问题,谁的错？需要如何补救？最重要的是什么	思维:希望迅速解决问题,最好的办法是什么？如果要试一把,应该从哪着手
	威胁	机遇

问题与思维之间是相互作用的关系：你的问题可以改变你的思维，你的思维也可以改变你的问题。

（二）了解多元视角

领导力，无论是在全球范围内，还是在一个小型跨职能团队中，都不是站在河的一边朝另一边大喊大叫。这种战术可能会使你逞一时口舌之快，但不可能带来任何真正的成果。领导力是将人们聚集在一起，甚至是把目标和见解完全不同的人聚集在一起，然后帮助他们建立通往崭新未来的桥梁。在此过程中，了解他人观点是一种中心工具，每个人在思考同一个问题时，很容易得到多个观点，只有在知道了别人是如何看待这个世界的，我们才有机会去影响别人的观点或从别人的观点中学习。考虑多方视角时，需要记住，无论别人做什么，他们的出发点都是因为他们认为那是对的。了解到这一点，有助于我们采取多元视角看待事物，也会让沟通变得更有效。

（三）学会系统性思考方式

系统性思考能够着眼于全局而不只是部分，并能学习巩固或改变整个系统模式。具备系统性思维的领导者观察到的是蓝图，会把各个要素连接起来而不是孤立地审视单个要素。很多时候可以把复杂的系统拆分成多个分离的部分来解决问题，然后使每个部分尽可能正常工作，不过成功运行每个部分后，各个部分的成功并不会累加而使整体运行成功。事实上，有时优化系统中的一个部分会使整个系统功能更低效。举例来说，小城市实施道路建设项目，解决交通堵塞问题，但因没有对整个城市系统做分析，新道路运行后，反而加剧了交通堵塞、延误和污染问题。我们的大脑喜欢一切顺理成章、充满线性的故事，没有直截了当的故事时，大脑就会通过填补空缺来创造一个。然而现实生活充满了混乱，很多时候情节线并没有密切联系，事物往往是非线性的。将世界视为复杂的系统而不是简单的因果关系，这一想法挑战了我们对世界做出的大多数简单假设，而且挑战了我们解决问题，与人交谈，建设美好未来的许多方法。但一旦你开始了解复杂世界的新规则，开始学习用系统性思维方式去思考问题，问题的解决可能会变得更具有创造性、包容性，也会更有趣。

（四）关注经验之外的世界

了解得越多，打破思维定势的可能性越大，越善于学习，创新超越的可能性就越多。有研究人员通过对高级官员的跟踪发现，最优秀的领导者并不是在等待信息，而是走出去扩大自己的知识面，以便明确下一步该做什么。埃默里大学的神经学家格雷戈里·伯恩认为：大脑在能效演变过程中，为节省能量消耗而常常走知觉捷径。只有强迫自己打破惯有的思维模式才能使大脑将信息重新归类。冲破惯有的思维模式才可能产生新颖的想法，新事物充满挑战和刺激，需要走出舒适区去发现它，可以通过网络、建立社交、善于倾听、加强沟通、不断学习、各处走走、改变常规环境等方式与周围外部世界保持接触，这样不仅有助于个体跳出自己的经验，还可以促进外部和内部对话，找到创新的机会。

（五）利用头脑风暴法

头脑风暴法是为任何想解决问题的群体设计的、用于增强其创新潜力，打破思维定势的一种技术。在召开头脑风暴会议时，应注意以下问题：①注意人数控制与人员选择。一般人数应控制在5至7人：人数过少会使产生的观点数量受限，人数过多会使规模过于庞杂，无关消耗过多，此外，仔细考虑参加者的人选，要比决定让多少人参加更重要。②第一阶段：先数量后质量。头脑风暴法第一阶段的目标是以数量为主，而不是质量，鼓励成员只要有了新想法就主动说出来。在激发观点的阶段不评判，观点的数量、类型越多越好，鼓励随心所欲的、奇特的观点，这有助于产生充满想象力的思考，产生的观点越多，就越有可能发现好的方案。③第二阶段：进行观点融合修正。理想的做法是记录下各种观点，将各种想法写在黑板上或纸片上，使所有成员能回顾提出的所有观点，在提出所有观点以后，从利弊、成本收益、可行性等角度对每种观点进行评价。④第三阶段：确定方案。根据分析结果选择最终的解决方案。综合或拓展他人的观点往往会形成更好的解决方案。

第七节　提升身心素质

> 在被迫改变之前改变自己。
>
> ——杰克·韦尔奇

领导者应该具备什么样的素质？随着社会的进步、经济的发展及利益群体的多元化，时代对领导者素质提出了更多的要求，要想更好地适应未来复杂多变的环境，一个优秀的领导者应该具有较强学习能力、能够应对各种挑战、勇于并乐于创新。要做到这样，领导者不仅需要具备优良的品德、过硬的知识、较强的能力，身心的和谐与健康也非常重要，它是领导力能够发挥的驱动性元素，是胜任繁重工作的基本保障。

领导不仅仅需要技巧，更需要细微且富有力量的个人素质。身心素质和其他能力素质相比，属于基础素质，它经常间接地发挥作用，往往不如其他条件容易受到人们的重视。其实，良好的身心素质是其他素质得以发挥的重要保障，健康的体魄、旺盛的精力、良好的心理状态是开展一切工作的保障。

一、身心素质的内涵

（一）身体素质的内涵

随着人们健康观、生活观的改变，身体素质问题也越来越受到关注。一般认为，身体素质包含健康状况、体力和精力状况、生命力和寿命三个部分。健康的身体素质意味着拥有良好的健康状况、生活和卫生习惯，充沛的体力和精力，丰富的体育活动爱好，较好的体质和旺盛的生命力。良好的身体素质是学习、工作的物质基础，是健康的基本保证。它虽受遗传影响，但通过健康的生活方式、科学的运动锻炼是可以获得提高和优化的。大学阶段是身心发展的重要阶段，是个体身体形态、生理机能、运动能力逐渐发育成熟并稳定的时期，是健康理念、卫生习惯、生活方式等形成的关键期，作为未来世界的主力军和领导者，加强身体素质的锻炼刻不容缓。

然而，当代大学生身体素质现状不容乐观，呈逐年下滑态势。教育部和国家体育总局于 2002 年共同研制了《学生体质健康标准》，并于 2014 年修订，通过引体向上、仰卧起坐、立定跳远、50 米跑、800 米跑、1000 米跑等多项指标评判学生体质健康，希望通过测试来督促学生加强体育锻炼，但实际体测达标率并未达到预期效果。2016 年《中国青年报》曾报道国家体育总局发布的 2006—2015 年《国民体质监测公报》，数据显示 2016 年与 2005 年比，大学男女生 1000 米跑、800 米跑成绩分别下降 20 秒和 15.1 秒，73.8%的大学生承认自己身体素质下降，突出表现为精神差、体育活动有负担，超过 65.9%的大学生日常锻炼频率和时长都不理想，76.7%的大学生缺乏锻炼计划或有计划也未能很好执行。

想要具备一颗成熟强大的内心，首先需要具备强健的体魄。关注学员体能正是西点军校与美国常春藤名校最大的区别。在西点军校，不管学生的学业能力测试有多么优秀，文章写得多么有文采，如果体能不达标就一定不会被西点军校录取。

西点军校非常重视体育运动，应该说“西点军校发展了体育运动，体育运动也繁荣了西点军校”。西点军校体育运动兴起于 19 世纪 90 年代，其开路先锋是学员丹尼斯·马汉·米基。在西点军校时，米基鼓动在美国海军学校就读的朋友向西点军校发来挑战书，要求进行校际橄榄球比赛。这是西点军校历史上首次校际橄榄球比赛。这次比赛的结果是美国海军队以24:0大获全胜。这极大挫伤了西点军校学员们的自信。于是，他们决心再战。第二年，西点军校以32:16的比分获得胜利，一雪前耻、载誉而归，整个西点校园为之沸腾。体育运动自此在西点扎了根。为了纪念体育运动发起者米基，西点军校第一座现代体育场就是以米基的名字命名的。而真正将体育运动纳入军校体育锻炼体系，并赋予崇高地位的，是西点军校第30任校长道格拉斯·麦克阿瑟。麦克阿瑟认识到，体育运动对于现代军官的培养具有极其重要的作用，体育锻炼可以培养坚韧不拔的精神、勇敢机智的性格和自我控制能力，它不是可有可无的，而是必不可少的，所以必须在军校强制性大力发展体育运动。麦克阿瑟任职期间，已将体育锻炼提高到了与科学文化学习和军事训练同等重要的地位。为了促进全校体育活动的开展，西点军校明确规定：学员必须利用周六的时间进行篮球、棒球、橄榄球、网球、曲棍球、马球、英式足球和田径训练。为加强学员间的联系和促进团队发展，麦克阿瑟还主张建立了一些校级体育代表队，比如马球队、橄榄球队、田径队等。许多著名的高级将领在校时都曾是体育明星：麦克阿瑟是棒球健将，艾森豪威尔曾是足球运动员，巴顿曾参加奥运会并获得五项全能第五名。

西点军校培养出的每位学员都有极强的心理素质，西点的精神就是在任何压力下，永远不倒。而西点人所拥有的藐视一切困境的强大内心，正是他们平时经常进行体育锻炼的习惯塑造出来的。西点军校对体育锻炼的重视，使学员不仅具有健康的体魄，还具备了高情商，这就是西点军校体育锻炼体系的成功之处。历史上，许多成就卓著的人士都有坚持体育锻炼的习惯。

（二）心理素质的内涵

心理素质是以人的自我意识发展为核心，由积极的、与社会发展相统一的价值观所导向，包括认知能力、需要、兴趣、动机、情感、意志、性格等智力或非智力因素有机结合的复杂整体。与有效领导行为相关的心理素质包括以下几个方面。

一是具有正确的自我意识，即能够充分了解自己并对自己的能力做出适当的评判。这样的人，具有自我反省的自制力，自我意识随年龄的增长而逐渐发展，他们能正确评价自己，不妄自尊大，自视清高，也不妄自菲薄，自轻自贱。

二是具有健全的人格品质，即能够保持人格的完整与和谐。这样的人，能在正确人生观和信仰的支配下，形成高尚的理想和远大的抱负，不会为了眼前利益而放弃远大目标，他们能使自己的认识和行为相一致，不会因私欲而背弃信仰。他们能使自己的一切需要、愿望、理想、目标都受完整人格的制约。

三是具有良好的情绪调控能力，即能够有效控制并适度表达情绪。这样的人，能甩掉精神包袱，积极的情绪（快乐、满意）多于消极的情绪（忧伤、痛苦）。他们能从工作和生活中寻求乐趣，热爱生活，充满生命的活力；他们不断地学习，增长智慧，培养情趣；他们善于休息，从闲暇的时间里享受陶冶情操的快乐；他们能适度调节情绪，避免狂喜狂怒、忽悲忽喜。

四是具有良好的社会适应能力，即能够主动地适应现实环境和改变环境。这样的人与周围社会能密切接触，适应性良好，遵循社会规范与准则，与社会的目标和谐一致。他们不怕到新环境中去学习、工作和生活，勇于探索，思想能跟上时代的发展，为社会所接纳，凭理智办事，对自己的行为负责。

五是具有和谐的人际关系，即能与他人保持良好的人际关系。这样的人乐于与人交往，能用尊敬、信任、友爱、宽容、谅解等积极状态与别人相处，分享、给予、接受爱和友谊，把自己归属于一定的集体中，为集体和他人谋幸福。

二、身心素质对青年领导力的影响

(一)健康的身体素质是领导力得以发挥的根基

常言道:“有健全的身体,才有健全的精神。”健康的体魄、充沛的精力是领导力得以发挥的根基,是领导者的“本钱”,是事业取得成就、生活获得幸福的必要条件。想要成为优秀的领导者,带领你的团队取得事业上的成就,那就需要从现在开始,保持合理的规律生活,加强身体素质的锻炼,因为任何一项领导工作,都要调查研究,联系沟通,办理交涉,即使阅读文件、参会议事、企业指挥,也都是艰巨而繁重的脑力、体力劳动,都需要有良好的体力来支撑。如果一个领导者体力跟不上,那么即使有好的工作思路和工作能力,也会觉得力不从心,很难胜任。此外,领导者体魄健壮、精力充沛,也会给人一种朝气蓬勃、奋发向上的感召力。如果一个领导者体弱多病、精神萎靡,是难以胜任其职责的。甚至有一些才华出众的人,由于身体不好而壮志难酬。

例如,一手缔造苹果神话的史蒂夫·乔布斯,一个改变时代的天才,美国发明家、企业家、美国苹果公司联合创办人。他经历了苹果公司几十年的起落与兴衰,先后领导和推出了麦金塔计算机(Macintosh)、iPod、iPhone、iPad等风靡全球的电子产品,深刻地改变了现代通信、娱乐、生活方式,影响了多个行业和数十亿人的生活,被认为是计算机业界与娱乐业界的标志性人物。他是一个足以比肩托马斯·爱迪生(Thomas Edison)和亨利·福特(Henry Ford)的历史性的人物,并为多个行业的许多企业领导人树立了榜样:招聘并鼓舞优秀的人才;着眼于长期发展,而非短期股价;大胆下注,勇于承担巨大的风险;坚持高质量产品,并开发真正能够取悦用户的产品;极具语言吸引力,非常擅长推销。正如他本人所言,他活在一个科技与人文科学的交汇处。然而,这样一位极具领袖魅力的天才却于2011年10月5日因胰腺癌去世，从48岁确诊到56岁去世，他只有8年时间。他的影响力让人们很难想象没有乔布斯的苹果会怎样。如果他还活着，还会为世界创造什么？所以，身体乃“载知识之车，寓思想之舍”。健康的身体、充沛的精力是领导力得以发挥的保障。

（二）良好的心理素质是领导者巨大的内在力量

除了拥有健康的体魄，良好的心理素质也是领导者所必须具备的。随着社会的发展，人们对领导者心理素质的要求会越来越高，领导者要有新的思路、新的创造、新的作为，必须要有健康的心理。负担繁重的领导工作需要拥有健康的、乐观的、稳定的、向上的心理状态和心理环境。只有对工作充满信心，有强烈的事业心、责任感、荣誉感和成就感，领导者才能正常发挥自己的创造性思维、智力和能力，敢冒风险，激流勇进，坚韧不拔，顽强拼搏。对于领导者而言，良好的心理素质有助于理性决策，高效工作，处理好方方面面的人际关系。倘若心理素质欠佳，领导者则容易在工作中出现种种失误，比如，心浮气躁容易造成决策失误，意志薄弱会在困难面前裹足不前，性情暴躁会造成人际关系紧张等。

从古至今，因心理因素而影响到工作和事业成败的事例可谓举不胜举。例如，三国时吴蜀彝陵之战，双方的胜负与其统帅的心理素质有着密切的关系。荆州之战，关羽和他的义子关平被吴王孙权杀害。刘备不听劝告，决定倾全国之力，攻打吴国，为关羽报仇。孙权在几次求和都未果的情况下，只好派出年轻的陆逊为都督，前去阻挡。东吴孙权占领了荆州，破坏了诸葛亮的隆中战略，使刘备不具备统一条件，刘备若想灭曹魏或者灭孙吴，依照《隆中对》来说，他都必须夺回荆州，否则他只能依靠蜀道难割据一方。刘备无论是为了自己的帝业，还是报国仇家恨，都必须夺回荆州。但是由于他过于急切地想夺回荆州，在蜀国没有做好准备的情况下，就匆忙发兵，在酷暑难耐的天气选择进攻，但又无法速战速决，损伤官兵士气，耗尽官兵体力，最终陆逊依靠5万兵力，打败蜀军近10万大军。这一战对三国鼎立的局面影响很大，对蜀汉来说，基本上毁灭了当年诸葛亮制定的宏伟战略蓝图；对东吴来说，损害了吴、蜀关系，打破了孙刘两家联合抗曹的可能。《孙子兵法》有言:“主不可怒而兴军，将不可愠而致战；合于利而动，不合于利而止。怒可复喜，愠可复悦。”(《孙子兵法·火攻篇》)即要求国君、将帅必须具有良好的心理素质，要用理智驾驭感情，用意志调控情绪，具有很强的心理承受能力。在彝陵之战，蜀主刘备便是犯了兵家之忌，怒而兴军，愠而致战，直至一败涂地。

强健的身体、良好的心态是干好一切工作的根本。当一个人拥有充沛的精力、良好的记忆力和丰富的创造力时，才能保持清醒冷静的头脑，正确地观察和判断事物。拥有健康向上的心态，乐观的情绪，坚强的意志，广泛的兴趣，开朗的性格，办事才能从实际出发而不是从主观愿望出发，才能有良好的人际关系和民主作风，才能有较强的自我控制力，忙而不乱，是非明确，宽怀大度，有胆有识，勇于自我批评，与不同意见的人真诚合作，搞好事业。

三、提升身心素质的途径

身与心的关系问题是一个古老的哲学问题，早在公元前三百年前后，我国古代唯物主义思想家荀子就在《天论》中提出了“形具而神生”的唯物主义观点，成为我国中医理论“形神合一”学说的指导思想之一。我国中医理论认为:“形者神之体，神者形之用；无神则形不可活，无形则神无以生。”其中神是形体的主宰者。对此，我国医学典籍《黄帝内经》中也早有论述:“心者，君主之官，神明出焉。”说明人的心身活动都是在心神的统摄和协调之下进行的。这表明早在两千多年前，我国古代思想家和医学家已明确认识到：心与身是统一体，两者互相影响，而心又是主导方面。事实表明，对于外界环境因素的刺激，人的心与身是作为一个整体来反应的，彼此不是孤立存在的，而是互相联系、相互制约、交互影响着的。因此，要想提升身心素质，既要从身体方面着手，也要从心理方面展开。

(一)树立正确的人生观、价值观

精神追求可以统领所有的心智，当一个人能够拥有正确的人生观和价值观，努力寻找和发现健康的精神追求时，才能以积极向上的态度来面对和驾驭生活，面向未来，忽略微小的心理波动，以良好的心态投入生活和工作之中，提升身心素质。一些伟人，他们遇到的困难不可谓小，但在伟大理想的支配下，他们全身心投入事业，已经没有时间和精力来关注自己。精神追求还可以使人有勇气面对各种困难，包括肉体和心理痛苦。所谓“天将降大任于斯人也……必劳其筋骨，苦其心志”。对于有精神追求的人，痛苦和挫折只是磨炼自己的试金石。

(二)加强体育锻炼

体育锻炼既是加强身体素质的有效方式，也是培养良好心理素质的重要途径。健康的身体是以活动为基础的，人的身体素质与先天因素有关，更与后天锻炼有关，除了遗传性疾病外，一般健康水平主要取决于后天的锻炼。曾有科学研究宣布：每个人的健康与寿命60%取决于自己，15%取决于遗传因素，10%取决于社会因素，8%取决于医疗条件，7%取决于外界环境影响。由此看来，一个人的身体健康与否关键在自己。运动有助于良好心理素质的养成。体育运动有助于改善情绪、培养意志、增强自信、提高自控力，在运动中的人际交往，还能促进良好人际关系的发展，有助于培养团结协作意识。比如：骑自行车、划船、游泳、跑步、滑雪等运动可以增强自我控制能力，可以培养人的独立性、主动性和果断性等。田径、举重、艺术体操、射击、跳远、花样滑冰等运动可以增强人的韧性和自我控制能力，可以培养人的勇敢、独立、果断、忍耐力等。而跳水、登山、骑马、跳伞、障碍跑和摩托车等运动可以增强人的勇敢和果断，培养人的冷静、坚韧、坚持等能力。击剑和摔跤运动可以增强人的主动性，提高人的快速反应能力，有利于培养人的机智果敢、灵活应对等能力。而需要多人合作的球类运动，如篮球、足球、排球等能够增强人的主动性和人际交往能力，提高团队合作意识，有利于培养人沟通、尊重等能力。

（三）掌握调节情绪的方法

良好的情绪控制能力是心理成熟的重要标志。它有利于交流思想、沟通情感，消除隔膜，鼓舞他人，共同促进工作开展，战胜困难，实现目标。胜不骄、败不馁，在驾驭客观事物的变化时人们应该首先驾驭自己的内心世界，保持积极、乐观而稳定的情绪，站稳立场、冷静思考、沉着应付，忍人所不能忍，为人所不能为。因此，注重情绪调节，学习把握情绪规律很重要。人的情绪是有周期性的，有高峰、有低谷，周而复始、循环往复。高峰体验和低谷体验都是短暂的，在低谷时期人较敏感、脆弱，一旦受到外在因素的干扰，容易采取极端行为，给他人和自己造成无可挽回的损失。所以，当处于情绪的低谷期时，要善于调控，做自己情绪的主人。情绪调控的方法多种多样，比如可以通过合理宣泄、放松训练、积极转移注意、改变认知等。

（四）坚持阅读

孔子说：“知之者不如好之者，好之者不如乐之者。”人只有乐于读书，阅读才能成为“悦”读，只有在愉悦中读书，才能成为习惯，才能有更高的精神追求，才能在获得乐趣的同时又更新知识。阅读不仅可以提高我们的效率，对身心塑造也是极为有益的。要想成为优秀的领导者，在坚持阅读的过程中，有两种书必读：经典名著和反映最新发展的书。现代社会的阅读方式多种多样，互联网和电子设备的发展扩宽了阅读渠道，也让娱乐诱惑变得更多，阅读要能够潜下心来、避免浮躁。有的书籍确实难啃，但一旦能够深入钻研，往往会有出人意料的收获。此外，要掌握正确的读书方式。读书的方式有很多，包括速读、精读、博览、解剖等，要根据个人兴趣和书籍类别掌握和运用正确的读书方式，尤其是要明确“旨趣”再读书，即先要明确对某本书的阅读目的是什么，是为了从中获取需要的知识，还是为了休闲打发时光，或者是培养自己某方面的兴趣，针对不同的目的选择不同的读书方式，合理分配好阅读的时间，注重提高阅读的效率，才能有更大的收获。

（五）规律生活，劳逸结合

保持合理的规律生活，注重劳逸结合，是自我修养的物质基础。爱因斯坦就是很会休息又很会工作的人。他每天都要抽出一定的时间去散步、弹钢琴或拉小提琴，每过一段时间，就要外出游玩或划船，这已成为他生活中不可缺少的内容。他认为：“一个人的生命是有限的，能够用来工作和学习的时间可以说是个常数，但是，学习和工作的效率却是一个变数。单纯地从时间上去追求是不明智的，更重要的是要有较高的学习和工作效率，而较高的工作和学习效率必须要求有清醒的头脑。”这就是他每天坚持文体活动的原因。

心理学家认为，个体在受到重压时展示出来的修复能力和适应能力是具有良好身心素质的表现。比如，普通人在遭受痛苦时会垂头丧气、选择放弃，而身心素质较好、心理韧性强大的人则会把失败当成是新的机会，在面临困境时不仅不会屈服，反而激发出更多的斗志，往往这样的人也更容易成功。

【思考题】

1. 价值观对青年领导力有何影响？青年领导者应该培养什么样的价值观？

2. 你认为自己具有什么样的人格特质？如何借用这样的人格特质提升自己的领导力？

3. 知识储备是否能够助力青年领导力的形成和提升？ 你觉得自己需要在哪方面加强知识储备？

4. 结合本章第四节开篇杰克·韦尔奇的案例，谈谈青年领导者应该具备什么样的能力？

5. 请你说一说情商与青年领导力之间的关系。

6. 什么是科学的思维方式？ 如何锻炼科学的思维方式？ 如何打破思维定势？

7. 青年领导者的身心素质对其领导力的形成和提升作用重要吗？ 为什么？

【自我测评】职业价值观量表

请您仔细阅读每个条目，在(　　)内打分以表示您对该条目的评价。 每个条目没有正确或不正确之分，请放心地按照您的真实想法填写。 请不要漏填，否则作废。 作答没有时间限制。（5 极重要　4 重要　3 不能确定　2 不重要　1 极不重要）

1. 工作中能经常面对新问题　(　　)
2. 有益于人民　(　　)
3. 工作有变化　(　　)
4. 工作中能独当一面　(　　)
5. 能成为工作中的权威　(　　)
6. 有提升机会　(　　)
7. 能发挥自己的艺术能力　(　　)
8. 工作中能结交很多朋友　(　　)
9. 深信自己不会失去工作　(　　)
10. 能成为自己想成为的人　(　　)
11. 能有一个很公正的领导　(　　)

12. 办公室里能配备方便工作的设备 ( )
13. 能圆满完成自己的工作任务 ( )
14. 能显示出领导他人的能力 ( )
15. 能创造一些新东西 ( )
16. 会经常产生一些新的想法或启示 ( )
17. 能发挥自己的专长，有所作为 ( )
18. 能有一个可以依靠的领导 ( )
19. 工作有保障 ( )
20. 能给周围带来美好 ( )
21. 自己能支配自己的工作 ( )
22. 能有丰厚的经济收入 ( )
23. 能经常接受新事物 ( )
24. 能显示出影响他人的能力 ( )
25. 能在大城市工作 ( )
26. 下班后能从事自己喜爱的业余活动 ( )
27. 能有许多亲密的同事 ( )
28. 自己的工作能被他人看重 ( )
29. 不是一种经常重复的工作 ( )
30. 能感到自己对他人有用 ( )
31. 能使他人幸福 ( )
32. 工作具有多样性 ( )
33. 能受到他人尊重 ( )
34. 跟同事能有良好的交往 ( )
35. 能有一种快乐的生活方式 ( )
36. 能在宽敞、明亮的环境中工作 ( )

37. 能显示有领导他人的能力 (　　)
38. 常能感到学习的紧迫性 (　　)
39. 所得收入足以使自己过上安稳的日子 (　　)
40. 能够坚持自己的想法 (　　)
41. 能创造出有吸引力的作品或产品 (　　)
42. 能有一个稳定的职业 (　　)
43. 有一个关怀体贴的领导 (　　)
44. 能知道自己努力的结果 (　　)
45. 能实现自己独特的想法 (　　)
46. 能感到工作有新意 (　　)
47. 能更多地对社会负责 (　　)
48. 能有较高的职位 (　　)
49. 不是一种单调的工作 (　　)
50. 能较自由地安排自己的工作时间 (　　)
51. 能获得他人的好评 (　　)
52. 能有一种愉悦的感觉 (　　)
53. 和同事在一起感到心情愉快 (　　)
54. 能在国有单位工作 (　　)
55. 下班后能做自己喜欢做的事 (　　)
56. 能有一个常倾听意见的领导 (　　)
57. 有舒适的休息场所 (　　)
58. 能主动积极地完成一天的工作任务 (　　)
59. 能具有更多的社会活动 (　　)
60. 能进行丰富的想象 (　　)

求各项题目的分数和，得分越高，说明越重视该价值尺度。

智力激发：1、23、38、46 的分数总和。

经济报酬：6、22、39、48 的分数总和。

独立性：4、21、40、50 的分数总和。

美感：7、20、41、52 的分数总和。

安全性：9、19、42、54 的分数总和。

监督的关系：11、18、43、56 的分数总和。

成就：13、17、44、58 的分数总和。

创造性：15、16、45、60 的分数总和。

利他主义：2、30、31、47 的分数总和。

变动性：3、29、32、49 的分数总和。

声誉：5、28、33、51 的分数总和。

同事关系：8、27、34、53 的分数总和。

生活方式：10、26、35、55 的分数总和。

工作环境：12、25、36、57 的分数总和。

管理：14、24、37、59 的分数总和。

第五章 领导行为要素的培养

作用于战略层面与执行层面的领导行为要素培养异常重要。战略层面的领导行为要素培养包括培养青年领导者明确任务目标、促使决策成功、促成团队合作。执行层面的领导行为要素培养包括培养青年领导者高效管理时间、善于沟通协调、有效激励他人、懂得识人用人。

第一节 明确任务目标

> 如果一个人不知道他要去往哪个港口，那么任何风向都不是顺风。
>
> ——塞内加

目标是执行力的基础和开始，设置目标，开发出实现这些目标的行动方案不论对于个人还是群体都是重要的。对个人而言，目标是内心强大的精神支柱；对于企业来说，目标是推动企业发展的最强驱动力。要想成为优秀的领导者，你需要培养的一项重要的技能特质，即用目标管人，而不是人管人。

一、目标设置与管理

什么是目标？ 目标可以细分为愿景和具体的行动计划。 愿景是希望未来变成什么样，即 to be，它是领导者最深层次的渴望，是无论如何都要实现的梦想，体现领导者的价值观，它应该是利他的、远大的、有价值的、能激励人、能激发人强烈欲望的。 而具体行动计划是做什么、怎么做，是 to do，是指在愿景指导下日常的、短期的行动。

虽说目标能够刺激我们奋勇向上，但是，对许多人来说，拟定目标实在不是一件容易的事，那么我们究竟如何选择或是制定正确的目标呢？ 如何将目标设置应用于实践中呢？ 这就涉及目标管理的问题。 目标和目标管理同样重要，如何制定合理的目标，需要做好目标管理。 目标管理（Management by objectives，MBO）是美国管理专家彼特·德鲁克（Peter Drucker）在 20 世纪 50 年代提出来的。 它是指通过设计使整体目标转化为各个企业单元和个体的具体目标，使目标概念具有可操作性。 一般来说，目标越清晰明确，可量化期望度越高，实现的可能性会越大。 目标管理的主要贡献之一就是它使得我们能用自我控制的管理代替由别人统治的管理。

1953 年，美国耶鲁大学对应届毕业生做了一项研究调查，他们发现有 3%的同学还没有毕业就设定了他们人生的目标，20 年后，这 3%的同学比其他 97%的同学在经济上更富裕。 调查发现，在这 20 年里，这 3%的人做了七件事：第一，他们曾经很确实地写下了他们想做的事情；第二，列出了达成目标所得到的好处；第三，列出达成目标要克服的障碍；第四，列出了达成目标必备的知识及信息；第五，列出了达成目标需要共同协力的团队、人员或企业；第六，总结出一套行动计划；第七，写出了达成目标的具体时间。 而另外 97%的人没有设定目标，原因在于：他们对目标很茫然；不知道如何设立目标；对失败有一种恐惧感；害怕被拒绝；自我形象不佳；缺乏热忱。 所以，人与人之间的成就差别与目标制定有着密切的联系，当人有了目标，就会产生无穷的力量，最后达到别人达不到的高度。

因此，要想在你的一生或者未来实现你的梦想，你必须做一件事情，那就是设定目标并进行有效的目标管理，当你懂得如何实现自己的目标时，才可能在未来带领团队实现目标，取得更大成就。表 5-1 为目标的期望强度对照表。

表 5-1　目标的期望强度对照表

期望强度	0%	20%~30%	50%	70%~80%	99%	100%
定义	不想要	瞎想想	想要	很想要	非常想	一定要
表现特征	一种情况是真的不想要；另一种情况是找借口。其实真正的原因是不敢想或不知为何要	空想；白日梦；随便说着玩玩；只说不练；不愿付出；不知从何开始；自己都不敢相信会变成现实	有最好，没也罢；三分钟热度；努力争取一阵子；一有困难就退缩；幻想不怎么付出代价就可以得到	确实是他真正的目标，但似乎决心不够，尤其是改变自己的决心不够；等待机遇，靠运气成功；假使做不到，转而自我安慰；曾经努力过，也算对得起自己	潜意识中那一丝放弃的念头，决定他关键时刻不能排除万难，坚持到底，直到成功；对其而言，也许付出 100%努力比达不成该目标更痛苦	不惜一切代价；不达目的死不休；不成功，便成仁；没有任何退路；达不成，后果更加严重；达不成比死还难受
结果	当然得不到	很快就会忘记自己曾经还这样想过	十有八九不成功	有可能成功。因运气成功，也因此失败	99%与 100%差别不是 1%，而是 100%。第 99 步放弃与第 1 步放弃就结果而言没什么差别	没什么比死、比达不成更难受的，因此他一定有办法达到

二、目标管理的作用

管理学大师彼得·德鲁克在《管理的实践》中曾有论断："企业的管理说到底就是目标管理。"就像许多汽车和手机内置的全球定位系统（GPS），会引导你去想去的地方，如果出现错误，该装置就会提醒你重新规划路线，这与领导者的角色非常相似。卓越的领导力不是靠运气，而是很大程度上取决于领导者的选择，他就像是乐队指挥，在人们面前保持愿景并不断提醒人们向着目标前进。

基于领导者对目标和行动所投入的关注，领导者可以被分为四类：一类是目标感和行动力都低的，这一类人无法成为真正的领导者；一类是只有行动而几乎没有目标，这一类人属于行动派，他可能工作非常努力，但没有目标、没有方向，工作起来很盲目；一类是有强烈的目标感，能够有效激励他人，但自身缺乏行动力，这一类人属于梦想家，实现目标的可能性很小；最后一类，就是既有强烈的目标感，又有很强的执行力，这一类人才是有效领导者。他们不仅有梦想，并且还能将梦想转化成重要的战略行动，通过自己的行动或通过企业成员有效地执行目标。

在全球手机行业，一直以来，自己能不能做芯片，成为业界衡量硬件公司是否具备核心竞争力的重要指标。在核心技术上对外国产品依赖度太高，曾是中国企业最大的短板和软肋。"中国制造"一度被贴上廉价标签，如今随着华为海思麒麟950、麒麟960芯片的发布，华为跻身全球芯片第一阵营。中国制造已不再是一个单纯的产地定义，更是一种能力证明！而这一切的实现，早在任正非做出"要做一个研发型的高科技企业"的决定时，就给华为定了一个清晰的目标：发展民族工业，立足于自己的科技开发，紧跟世界先进技术，占领中国市场，开拓海外市场，与国外同行抗衡。因此，早在IOS和安卓系统还没有诞生时，华为基于对智能手机的发展判断，就开始着手研发移动手机芯片，希望做出更好体验的智能终端，并通过掌握核心技术，构建移动时代持久的竞争优势。为了实现这一目标，华为提倡的理念之一就是“板凳要坐十年冷”，强调“工匠精神”中的专注。华为今天的成就与任正非杰出的领导才能密不可分，他不仅给未来注入梦想，并将梦想转化为实际目标，与战略行动联系起来，最终将梦想转化为现实。

（一）对领导力的考验

有效的目标能将未来和现在更好地联结起来。目标通常是描述未来的，但是目标的制定又要结合实际，以当下的状况为开端。因此，它对领导者提出了更高的要求，作为一个领导者需要有“双焦愿景”，一方面能照顾今天的需求，完成当下的任务；另一方面，还需要保持长远的目光，很多成功的领导者都具有这种能在两个等级同时运营的能力。因为，从长远来看，团队比的就是方向和规划。目标不对，努力白费。例如，诺基亚的目标就是生产出更实用的手机，而苹果的目标就是生产出更智能的手机，谁更具有发展的眼光，时间已经给出了明确的答案。

众所周知，杜邦公司是一家以科研为基础的全球性企业，1802 年在美国特拉华州创立。截至目前，这家公司在全球 70 个国家开展业务，共有员工 79000 多人。其在美国有 40 多个研发及客户服务实验室，在 11 个国家有超过 35 个的实验室，以广泛的创新产品和服务涉及农业、营养、电子、安全与保护、家居与建筑、交通和服装等众多领域。杜邦公司之所以能够长久以来不断取得成功，和领导者能洞悉未来情势，及时利用机遇调整发展方向密不可分。早在 200 年前，杜邦主要是一家生产火药的公司，100 年前，杜邦的业务从生产火药转为生产精细化工品，而今天，杜邦公司的核心已经是生物科技和生命科学领域了。对于企业来说，一般公司的寿命也就在 10 年以内，全球较著名的跨国公司能够运营 50 年的也没有几家，而杜邦已经是一家 200 多年的老公司了，其基业长青的秘诀何在？正如杜邦公司董事长兼首席执行官贺利得说的那样："我们决意要建立一个世代延续的公司。很多观察者想把杜邦定义为这样或那样的公司。我们是一个化学公司吗？我们将要成为一个生物科学公司吗？从很多方面来说，这些都是错误的提问。正确的提法应该是：我们是一个强大的，在世界范围内探索人类基本需求并为之提供解决之道的公司吗？对于这个问题的回答是'对！'。"他们目标明确，并且战略眼光超前而独到。

（二）有助于增强凝聚力

领导者的使命就是带领团队实现目标。任何领导者都不可能唱独角戏，独自实现梦想。寻找和制定共同的有效目标，激发人们内在的欲望，参与实现目标，是领导者工作的一部分，当所有人能够对目标达成共识，形成共同愿景，并愿意和知道如何实现的时候，企业成员的成就感和使命感就会增强，形成强大的凝聚力。

（三）有利于激发个体潜能

有效的目标能激发企业成员最大的潜能，因为它不光有助于人们认清他们应该做什么、不该做什么，更会启发人们清楚工作的意义和目的，照亮重要的价值。当企业目标能够超越结果，让企业成员感受到工作的意义和价值时，他们会更愿意投入巨大的精力和热情帮助企业达成期望。大多数时间，人们不会愿意只因为增加利润去做情感上的承诺，人们会更向往对那些有真正意义和价值的事情做出承诺。他们希望在工作中找到意义与尊严，如果企业目标足够激励人，他们会更愿意发挥创造力，比如，使人生更精彩或者对社会做出贡献。

福特汽车公司是世界最大的汽车企业之一。1903 年由亨利·福特创立于美国底特律市。福特汽车公司在创办之初的目标是：为广大群众制造汽车……这辆车会便宜到所有薪水不错的人都能买得起，并且与他的家人一起享受在这空间里被上帝祝福的快乐时光……使每一个人都能负担起一辆车，每一个人都会拥有一辆车。在马路上将不会再见到马匹，行驶汽车将会被认为是理所当然的，同时，会提供给许多人一份薪水丰厚的工作。在这样的愿景激励下，福特的员工充满热情和干劲，福特公司的生产方式最终使汽车成为一种大众产品，它不但革命了工业生产方式，而且对现代社会和文化起了巨大的影响。

目标是基于现实的情况制定的，但它又指向未来，就像一盏指路明灯，它让聚集在灯下的每个人都沿着同一条路通向未来。那个带领企业成员去实现目标，走在通向愿景道路上的人就是领导。青年领导力教育是一种培养青年有意识地参与领导过程，具备领导能力的公民教育。在培养的过程中，首先需要青年了解自己的归属和人生目标，弄清楚你要去哪里是你到达那里的第一步。有目的地学习、工作是完成任务和提升效率的首要条件。我们在学习、工作的时候必须思考，我们所做的是什么、为什么、正确吗？这会让你朝着正确的方向前进，并有助于提高效率。当我们驻足思考“是什么”“为什么”时，我们也将成为高效能的人。一旦人们开始自我管理，对机会有所准备，知道自己的归属是什么，这就能使一个普通人变成一位真正的领袖。

三、如何制定合理的目标？

1984年，在东京国际马拉松邀请赛中，一位名不见经传的日本选手山田本一获得了世界冠军。当记者问他凭什么取得如此惊人的成绩时，他说:“凭智慧战胜对手。”当时许多人都认为这个偶然跑到前面的矮个子选手是在故弄玄虚。两年后，意大利国际马拉松邀请赛在米兰举行，山田本一又一次代表日本参赛。这一次，他又获得了世界冠军。记者又请他谈经验。山田本一回答的仍是:“用智慧战胜对手。”10年后，这个谜终于被解开了，他在自传中说：“每次比赛之前，我都要乘车把比赛的路线仔细看一遍，并把沿途比较醒目的标志画下来，比如第一个标志是银行，第二个标志是一棵大树，第三个标志是一座红房子……一直画到赛程的终点。比赛开始后，我就以百米的速度奋力地向第一个目标冲去，等到达第一个目标后，我又以同样的速度向第二个目标冲去。40多公里的赛程，被我分解成这么几个小目标轻松地跑完了。起初，我并不懂这样的道理，我把我的目标定在40多公里外终点线上的那面旗帜上，结果我跑到十几公里时就疲惫不堪了，我被前面那段遥远的路程给吓倒了。”

一般人不愿为自己设定目标的原因无外乎四点：第一，害怕失败，怕万一达不到，会有挫败感；第二，觉得世事多变，计划赶不上变化，所以过好每一天就行了；第三，误将行动当作成就，每天挺忙好像挺有成就感，其实行动不等于成就，有结果才算成就；第四，没有意识到设定目标的重要性。所以，在现实中，我们做事才会半途而废。在人生的旅途中，我们稍微具有一点山田本一的智慧，一生中也许会少许多懊悔和惋惜。个人如此，企业亦然。合理的设置目标有法可循。

（一）确立目标的原则：SMART 法则

在选择或制定目标前应考虑两个方面：一是价值观，二是目前的状况。在制定目标时，可依据 SMART 法则。

第一，明确的（specific）。目标的范围是具体、明确的，而不是宽泛、含糊不清的。研究证明，具体明确的目标比一般目标更有可能导致较高的努力水平和绩效。在生活中，很多人都会有这样的目标，例如，幸福、健康、财富、知识等，但这样的目标还需要进一步具体化，才会具有可操作性。此外，对于企业而言，目标的确立，是领导者与企业成员在“实现什么”这个问题上消除歧义、达成共识的过程，即每个人的任务量、完成时间、责任人、可提供的资源和支持等要素都要明确具体，并且能够有效地传达给所有成员，让所有成员真正理解并接受，这样才可能实施下去。不能出现领导者制定的行动目标自己理解的是一种意思，而企业成员理解的是另一种意思，如果由于双方所处的立场不一样，而导致对目标的理解不同，那么目标就是有问题的。所以，领导者应与企业成员就目标的内涵、边界等问题进行有效沟通，确保目标能达成共识。

盛田昭夫，索尼的创始人，被称为“日本爱迪生”，在创立索尼之后，盛田昭夫认为，发展除了要有深厚的理论背景和研究技术的提高，还要有一个能让企业集中所有力量去追求的伟大目标。他认为，一个公司要想领先于其他公司，就需要创造市场，领导潮流。所以，索尼不断开发新产品，在盛田昭夫的领导下，索尼公司每年保持6%的开支用于研发新品，有些年多达10%，据统计，那个时期，索尼公司平均每日推出4种新产品，每年超过1000种。每一次研发的过程中，索尼公司都会帮助研发人员找到明确的目标，对成果有明确的要求，引导他们朝着目标逐步开发。例如，在看到美国的电视台用录像机录制节目后，索尼公司就想把这项产品推向普通家庭，产品要求轻盈、小巧，并且有足够的录制时间，至少超过一小时。在确定了这个目标且开发人员充分理解目标之后，就开始着手开发，最终，索尼公司将原先笨重又昂贵的机器改良成一台台和书本体积一样的卡式录像机。

第二，可衡量的（measurable）。目标有没有达到，不能只是停留于口号或者空话，得有明确的判断。可衡量包括两个方面：一方面是设计目标本身可以衡量。另一方面是目标完成的程度可以衡量。制定目标是为了取得进步，必须把抽象的、无法实施的、不可衡量的大目标简化成实际的、可衡量的小目标，一直分解下去，直到你明白当下自己应该做什么。一个可衡量的目标应该可以很容易地回答下列问题：如何确认该目标已完成？如何知道自己取得了进步？进步的程度是多少？目标的制定应该是能具体量化描述的，而不是使用“提高”“增加”“加快”“做大做强”这样的描述。目标愈明确，则能够被提供愈多的指引。

第三，可达到的（attainable）。达成目标的程度对个人的激励性呈倒U形曲线。过高或者过低难度都不能产生激励作用。不能达到的目标只能说是幻想、白日做梦，那么，它不但没有指导意义，还会起反作用，打击积极性和自信心。太轻易达到的目标又没有挑战性。因此，考察一个目标是否可实现的方法是：能否实现该目标？是否有足够的资源、技能和知识？是否需要他人的帮助？要让目标具有一定的挑战性，并可以达到，才会有激励效果。

某公司大中华区的员工离职率远高于行业平均水平，在究其原因时发现，该公司的员工说他们从未实现过自己的目标，因为这家公司的目标管理体系是逐级增加型。即员工提出的具体目标到了上级那里都会被往上加一级，一层一层地往上加，以至于最后汇总时的目标远远超出员工的实际能力。因此，该公司大中华区从未实现过阶段性目标，目标没有实现自然没有年终奖，超负荷的工作量却没有获得相应的报酬，离职率也就高了。

第四，符合实际的（realistic）。任何事物都不是孤立存在的，目标的制定应考虑和生活、工作有一定的相关性，全面、客观地看待问题，才能确保制定的目标符合实际情况，不是拍脑袋做出的决定。最佳的目标不一定是最有价值的那一个，而是最有可能实现的那一个。

法国的一家报纸曾经进行一次有奖智力竞赛，其中有一道题是这样的：如果卢浮宫失火了，而你只有可能抢救出一幅画，你会抢救哪一幅？在各种各样的答案中，法国作家贝内尔的答案被评为最佳答案，并获得该题的奖金。其实，他的答案很简单，他说："我抢离出口最近的那幅画。"

第五，时间限定（time-based）。任何一个目标的设定都应该考虑时间的限定，没有具体时间限制的目标形同虚设，有时间限制才会有完成目标的紧迫感。当然，你可以设立短期、中期、长期目标。这样目标会更清晰，而且长期目标也容易变得可行，同时，我们应该注意目标实现后如何评估，这样目标才真正具有指导和管理作用。

联想创办之初，柳传志说联想要做一个年销售额达到200万元的大公司，结果年销售额达到了300万元。之后，柳传志再设定了一个阶段性的目标，用10年的时间达到4.5亿美元的销售额。虽然其他人认为这个目标不太可能完成，但事实证明，柳传志是正确的。到了1995年的时候，联想内部把2000年的目标修正为20亿美元，结果营业额达到了30亿美元。

SMART是一种目标具体化的方法，在使用过程中，需要注意每一阶段的可行性，因为每个人都可以随意地设置目标，但如果这个目标没有实现的可能也就没有意义，更严重的是，它会重挫人的积极性和自信心。

企业目标管理的操作

制定总体目标→将目标分解→各分支针对自己的目标制定具体目标→个人再制定具体目标→个人制定行动计划并签订协议→实施行动计划→检查反馈执行情况→进行考核→兑现

(二)明确目标的方法：6W3H法

行为学家曾经做过这样一个测试，他们找来三批人。第一批人，给他们一张地图，让他们去找地图上的一个教堂，这些人不知道教堂在哪儿，离自己多远，没找一会儿，他们就放弃了。第二批人，告诉他们要去找10公里处的一个教堂。这些人走过2/3的路途，也感到很迷茫，但在团队成员的互相鼓励之下，这批人最终没有放弃，找到了教堂。第三批人，告诉他们要去找10公里处的一个教堂，并且每一公里处都会有一个里程碑。这些人一路说说笑笑，没有费什么力就找到了那个教堂。这个测试说明了什么？当目标很模糊、不够具体的时候，很多人就会像第一批人一样；如若相反，很多人就会成为第三批人。

只有当目标高度明确化的时候，才能保证工作顺利展开和整体把控，因此，在确定目标时，需要对大目标进行详细分析，列出具体的推行计划。

“凡事预则立，不预则废。”计划好比是赛跑的起跑器，有了计划，执行就有了强劲的助推力。人不能没有目标，设定了目标如果没有计划就会变成不切实际的空想。然而，计划的制定不光要考虑目标的期望值，还要考虑资源的配置情况，把两者结合起来考虑才能够制定出切实可行的计划。目标和计划必须设定最后的期限，不能无限期拖延。

做计划的大致步骤

确立目标；

探寻完成目标的各种途径；

选定最佳的完成方式；

将最佳途径转化成月/周/日的工作事项；

编排月/周/日的工作次序并加以执行；

定期检查目标的现实性及完成目标最佳途径的可行性。

目标制定的原则，我们已在前面的内容进行了说明，那么如何让目标变得清晰和可执行呢？可以遵循6W3H法，见表5-2。

表5-2　6W3H法

关键词	简要说明
WHAT	目标是什么，为达到目标要采取什么行动，做什么
WHO	谁去做，为达到目标所需要的合作对象与外部资源有哪些
WHEN	什么时候开始做，什么时候完成，阶段如何划分
WHERE	在哪做，工作场所在哪里
WHY	为什么去做，为什么不采取其他方法，原因何在
WHICH	认真回答上面5个W后，会出现多个方案，而我们需要哪个方案
HOW	怎么做，列出可能遇到的问题和困难，找到相应的解决方法
HOW MANY	多大的工作量，需要多少人，多长时间
HOW MUCH	需要多少经费

在制定计划的过程中，有一点需要注意，过分的计划会让事情走向反面。过分沉迷于计划过程，有时是为了掩盖对采取行动的恐惧。在某一时点，你必须采取行动，或至少做个决定，认为采取行动是不正确的，然后继续你的生活，计划的落实最终依靠行动。

（三）及时进行评估与修正

（1）成果评估。为了避免目标过大或过小，要定期检查目标实现的情况，根据目标设定的时间限制，对成果进行评价总结，对最终的结果应给予及时、适当的奖惩。

（2）目标修正。一般来说，不要轻易改变终极目标，可以修正阶段目标和计划。如果修正后的目标与达成目标还是有很大的差距，可以修正目标达成的事件，一段时间不行，就多用一些时间，直到成功，万一修正达成的时间也不能完成，就再退一步，修正目标量，检查目标量是否合适，可以适当减少目标量，但尽量不要让目标缩水。不到万不得已，不放弃目标，修改计划才是目标修正法的关键。

（3）自我评估。在计划实施过程中，制定自我评估的工具，这样有利于监督目标推进状况，如表 5-3 所示。

表 5-3　学习计划监督表

提前计划监督	未来一个月（四周），你打算在学业上取得什么样的成果
	打算怎么做以取得这个成果
	估计完成的把握有多大 1. 绝对能完成 2. 可能能完成 3. 不确定 4. 可能完不成 5. 绝对完不成
执行阶段监督	本周打算在学业上取得什么样的成果
	打算怎么做以取得这个成果
	估计完成的把握有多大 1. 绝对能完成 2. 可能能完成 3. 不确定 4. 可能完不成 5. 绝对完不成

续表

		周一	周二	周三	周四	周五	周六	周天
执行阶段监督	今天计划做什么							
	实际完成情况							
	没有完成的原因							
	完成或没有完成目标的心情如何							
自我反思阶段监督	完成好或不好的主要原因							
	对自己的表现满意吗							
	对下周有什么预期 1. 按原计划进行 2. 改变策略							

第二节　促使决策成功

管理即决策。

——赫伯特·西蒙

一、科学决策——成功的决策

史蒂夫·乔布斯生前是美国苹果公司首席运行官兼创办人之一，还曾是迪士尼公司的董事会成员和最大的个人股东。他被认为是计算机业界与娱乐业界的标志性人物，同时人们也把他视作麦金塔计算机（iMac）、iPod、iTunes Store、iPhone 等知名数字产品的缔造者。

乔布斯 1985 年在苹果高层权力斗争中离开苹果。1996 年，彼时的苹果在经历了高层领导不断更迭和经营不善之后，营运每况愈下，财务收入开始萎缩。乔布斯受命于危难之际，于 1997 年 9 月重返该公司任首席执行官。

他果敢地发挥了首席执行官的权威，对奄奄一息的苹果公司进行大刀阔斧地公司改组和一连串新产品降价促销的措施：首先改组了董事会；一上任就迅速砍掉了没有特色的业务。然后又做出一件令人们瞠目结舌的大事——抛弃旧怨，与苹果公司的宿敌微软公司握手言欢，缔结了举世瞩目的“世纪之盟”，达成战略性的全面交叉授权协议。接着，他开始推出了新的电脑。1998 年，一个全新的电脑，iMac 呈现在世人面前：半透明的外装，一扫电脑千篇一律的灰褐色，似太空时代的产物，加上发光的鼠标，以及 1299 美元的价格标签，令人赏心悦目……新产品重新点燃了苹果机拥戴者们的希望，iMac 成了当年最热门的话题。接着，1999 年乔布斯又推出了第二代 iMac，有着红、黄、蓝、绿、紫五种水果颜色的款式供用户选择，一面市就受到用户的热烈欢迎。1999 年 7 月推出的外形蓝黄相间，像漂亮玩具一样的笔记本电脑 iBook，在市场上迅即受到用户追捧。在乔布斯的改革之下，苹果公司终于实现盈利。

乔布斯重振苹果公司的案例让我们深刻理解决策之于领导活动的重要性，同时也认识到制定决策对领导者的要求非常之高。正确的决策经常可以力挽狂澜、将企业拉回正轨，而错误的决策则会使企业落入失败的深渊。因此，对青年领导者而言，在恰当的时机下做出有效的决策是一门必修课，也是思维性特质的重要表现。

决策（decision making）是领导的基本职能，也是领导艺术的体现方式。领导者的作用和地位在很大程度或在很多场合中都是通过决策体现出来的。决策有狭义和广义之分：狭义的决策专指决策者对行动方案的最终选择；广义的决策则是指决策者制定、选择、实施方案的整个过程。在领导活动中探讨广义的决策更具价值，因为决策方案的最终选择只是整个领导决策过程中的终点，虽然它是这个过程中最为关键的环节，但如果没有之前奔向终点的过程，终点的存在便失去其重要意义。所以，我们可以认为，一个领导者不仅要懂得如何选择方案，还必须了解决策活动的整个过程。

什么是科学决策？ 其实，科学决策是相对于经验决策而言的。 经验决策就是领导者主要凭借自己个人的知识、才智，特别是以往的类似经验而进行决策。

松果公司（Pinecone）是一家总部在美国加利福尼亚州的中型公关公司，近年曾被悉尼的全球营销与广告业巨头汉诺威公司（Hanover）收购。 松果公司创立于20世纪80年代，几十年来凭借其乐观、合作的企业文化吸引了大批人才。“松果之家”经常为员工生日及升迁等举办各种庆祝活动，这种温暖的氛围感染着公司的每一个人。

汉诺威收购松果后，委派旗下另一家公司的高级经理罗娜来接管。 虽然松果一直盈利，但是与汉诺威的其他公司相比，它的营业毛利较低。 作为一个推崇数据的领导者，罗娜的经验告诉她，她必须对松果的员工进行严格的商业思维培训。 在她给全体员工做的第一次培训讲座上，她的幻灯片这样写道：“松果的任务就是为汉诺威创造利润。”台下一片愕然，鸦雀无声。

接下来的几年里，公司氛围突变。 士气低落、大幅裁员、收入缩减，许多老员工陆续辞职。 汉诺威最终将松果转卖给了新东家，罗娜则被辞退。

罗娜用自己多年的商业公司管理经验做出的决策所带来的代价是惨重的。 我们虽然承认，经验决策会节约时间并且也可能会产生正确有效的决策结果，但是却有很大的局限性，因为它所依靠的是领导者个人的主观判断性，明显受到个人视野、个人素质、个人经历的限制，所以，经验决策容易得到错误的结果，更难经得起科学规则的检验。

区别于经验决策，科学决策又是什么呢？ 科学决策的特征有以下五点：①有明确的决策目标，严格执行科学的决策程序，经常需要依靠现代科学技术辅助决策。 ②有充分的决策要素组成完善的决策系统。 ③依赖并取决于专业知识基础和深入的调查研究，以专家智囊和坚实的科研力量做后盾。

④在多种备选方案中择优选定一个执行方案，并保留一定的备选方案。⑤反映和忠实于客观规律和事物的本来面目。

二、决策要素

决策要素是做出科学决策的必要条件，包括决策者、决策目标、决策备选方案、决策情势和决策后果五个方面。这五个要素相互依存、相互作用，共同保障了科学决策的制定。

（一）决策者

决策者即决策的主体，根据个人承担或集体承担分为个人决策和集体决策。无论是个人决策还是集体决策，决策者这一角色在决策活动中起着关键的作用。没有决策者，决策活动便无从谈起。进一步讲，决策者素质的高低，也直接或间接地影响到决策后果。

泰坦尼克号（Titanic）的沉没被公认是现代世界重大海事灾难。从这个典型的案例中，我们可以看到，不同的领导者在面对同样情境需要进行决策时，有的如何从洋洋自得变为惊慌失措，有的又如何设法找到最有效的应对措施。

在“永不沉没”的泰坦尼克号之上，史密斯船长（Captain Smith）的自负随处可见：救生艇数量不足，船员没有经过安全演练，瞭望台上的瞭望员没有望远镜。最关键的是，他为了提前一天抵达纽约，成就自己职业生涯的巅峰，不顾遇到冰山的危险，执意加快航行速度，直接导致泰坦尼克号的灾难。

而在1912年4月14日夜，行驶在北大西洋上的另外两艘船上发生的事情就鲜为人知了。

加利福尼亚号（Californian）是事发时距离泰坦尼克号最近的船只，两船距离不到10英里，本应最快展开营救行动。但是，泰坦尼克号触礁开始沉没的最初几小时里，它无动于衷。船长及值班船员坚持认为泰坦尼克号不断发出的求救信号弹只是一场焰火表演。整艘船上，没有一个人去探究泰坦尼克号的种种反常迹象。直到黎明时，无线电报员起床才发现对方发来的不幸消息，加利福尼亚号才开始手忙脚乱地展开营救行动，但为时已晚。

与之形成鲜明对比的是60英里开外的卡帕西亚号（Carpathia）所做出的反应。卡帕西亚号的无线电报员在收到泰坦尼克号午夜发出的第一通遇难呼救时，立刻叫醒罗斯特伦船长（Captain Rostron）。罗斯特伦船长起先没有核实信息，也没有计算泰坦尼克号的位置距离，就立刻下令调转船头，并增加瞭望员以提前观察冰山，迅速向事发地点驶去。在全速航行期间，他开始进行核实和计算，及时调整航线；同时，安排即将到来的救援工作。卡帕西亚号于清晨4：10到达事发地，及时将幸存者救上救生艇，从死神手中夺回了700余人的生命。

(二)决策目标

决策目标是指决策所要达到的目标。决策目标是否明确，直接关系到决策结果的好坏。决策目标明确，决策实施的方向就明确，行动就有针对性。一般而言，好的决策目标也有几条检验标准：①目标是明确的，有针对性。②目标是具体的，有衡量的标准。对于较为抽象的目标可采用目标分解的方法，把抽象的总目标转化为便于数量化的小目标。③目标是切实可行的，符合规范的。

2008年联想集团作为中国唯一一家非垄断性民企，以第499位的排名首次入围《财富》全球企业500强。自2012年以第449位重新入榜开始，直至位列2020年500强榜单的第224位，联想集团已连续第十年上榜。

从当年的小厂变身为全球500强，这是联想国际化策略的成功，也是对联想在全球快速成长的认可。从20世纪90年代初开始，联想走上了创立自主品牌之路，凭借娴熟的营销技巧，联想成为国内知名的电脑品牌。1998年

11 月 4 日，重组改建后的中科院计算所成为联想集团的中国研究院。2003 年、2004 年联想的电脑事业达到高峰，成为国内乃至亚太市场第一的电脑品牌。2004 年 4 月 1 日，联想集团的英文名称由“Legend”改为现在的“Lenovo”。2004 年 12 月，在联想集团总裁杨元庆的坚持下，联想成功收购总资产 4 倍于己的 IBM 个人电脑业务，跻身全球第三大个人电脑厂商，其规模仅次于美国的惠普公司和戴尔公司。

在当年被问到联想成功跻身世界 500 强的关键时，“联想教父”柳传志回答：企业家的一个重要品质就是目标坚定不移，不断有高的追求，并向这个目标前进、不屈不挠。

当中国经济体制转轨时，联想也受到了各种赚“快钱”的诱惑，比如倒卖进出口批文挣外汇、倒卖地皮做房地产投资等，但最终，柳传志带领的联想还是选择继续做计算机，而不是利用国家政策的空子挣一笔就跑。选择不做“快钱”生意，说到底就是目标坚定，方向清晰。这种目标导向的思考方法和执行力，在联想内部成为一种文化：“把 5%的希望变成 100%的现实。”

（三）决策备选方案

在管理学界和领导学界，有一条名言可以恰如其分地说明“单方案决策”的危险性——“如果看来似乎只有一条路可走的话，那么这条路很可能就是走不通的”。这就是在提醒人们不要做“单方案决策”。在决策理论中，只有单方案而无其他选择余地的决策被西蒙称为“Hobson’s Choice”（霍布森抉择）。什么是霍布森抉择呢？霍布森是英国剑桥的一个马贩子，他把马匹放出来供顾客挑选的时候说：“你们随便选吧。但是，你们只能选离门口最近的那匹。”所以，霍布森抉择给出的选择其实是没有选择。同样，在现代领导活动中，单方案决策已经越来越少，许多科学的决策活动都是“多方案决策”。

决策活动发展到今天，早已突破了“单方案决策”的时代。因为随着科学技术、社会生活的日新月异，有许多决策方案，经过测定和检验后可以发现同样正确的决策方案往往有高下优劣之分。同样能够实现目标的方案，有的耗时小、代价小、效率高，有的就显得耗时长、代价大、效率低。从另一个角度来看，备选方案就是最终决策的“备胎”，是最终决策遇到特殊情况无法施行时的替代品，用以最大程度降低损失。

2019年5月16日，美国商务部工业和安全局（BIS）将华为列入所谓的“实体清单”，意味着在没有美国政府的许可下，美国企业不得给华为供货芯片。其后，高通、英特尔、ARM、安森美、泰瑞达等亦收到邮件要求禁止向华为出货。

对此，华为则霸气回应：这一决定会对与华为合作的美国公司造成巨大的经济损失，影响美国数以万计的就业岗位。华为主要创始人、首席执行官任正非更是直接表态：公司早已做好准备，即使没有高通和美国其他芯片供应商供货，华为也不会有事。

2019年5月17日凌晨，华为海思总裁何庭波向公司员工发了一封内部邮件，正式宣告针对此次事件，开启华为芯片的“备胎计划”。何庭波透露，早在多年前，公司就做了极限生存的假设，预计有一天，所有美国的先进芯片和技术将不可获得，而华为仍将持续为客户服务。面对超级大国毫不留情地中断全球合作的技术与产业体系，华为芯片的“备胎计划”可以说是一个强有力的回击，保证了华为大部分产品的战略安全和连续供应。

华为海思成立于2004年，其前身是华为集成电路设计中心。该部门建立伊始，任正非就提到了要减少对美国的依赖。若干年过去，海思不仅打造出了自主研发的麒麟芯片，还打造了服务器芯片（鲲鹏系列）、基站芯片、基带芯片、AI芯片、物联网芯片等，已经站在了世界科技产业的第一梯队之中。

意义更为深远的，华为现在的研发生产工作都要做两套方案——“消A

（消除美国技术/产品影响）的”和“非消A的”。主备切换，华为早就做了最坏的打算、最好的安排。

2021年1月，业界再次传出好消息——华为早已在英国耗资10亿英镑建立光子芯片研发中心，而这座研发中心的主要目的就是研发光子芯片。这也将成为华为今后发展的又一个方向。

华为的化险为夷与任正非的未雨绸缪是分不开的。从最早的5G技术到麒麟芯片的诞生，再到鸿蒙手机系统，每一个技术都是目前科研领域最难的环节，而华为凭借着一己之力做到了。这正是由于任正非早早制定的众多“备胎计划”，使得华为公司有底气、有资格、有能力，绝地求生。

（四）决策情势

决策情势是指决策所面临的时空状态，也就是我们常说的决策环境。一个决策方案能否顺利实施，其影响和效果如何，不仅取决于决策方案本身，同时还直接取决于受到一系列自然环境和社会环境制约的决策情势。特别是，如果一个决策方案对自然因素和社会因素依赖性很强的话，那么决策情势将会在决策过程中起到决定性的作用。

诞生于1984年的海尔集团，从一个资不抵债的濒临倒闭的集体小厂，发展成为总资产1875亿元、销售额2008亿元的国内少有的世界500强家电知名跨国公司。其崛起史就是海尔集团董事局主席、首席执行官张瑞敏抓住情势发展、制定决策的脉络史。

张瑞敏曾公开说出海尔成功的“秘诀”就是“海尔是改革开放的产物”——海尔正是抓住了改革开放的机遇，逐步走向市场、转变观念，成为充满生机与活力的公司。改革开放进程不是一步到位的，每个时期给企业创造不同的条件，海尔根据改革开放提供的外部条件，与时俱进地创造对企业有利的内部环境，这是海尔发展的一个非常重要的因素。

以海尔工业园的建成为例。1992年春天，邓小平同志南方谈话发表，要求改革开放“胆子要再大一点，步子要再快一点”。张瑞敏等公司领导者当时就为海尔嗅到了新的发展机遇。1992 年 6 月，海尔决定贷款在青岛建立一个工业园，共计 5333.36 平方米。然而该工业园项目预计投资 16 亿元，海尔仅从银行贷了 2.4 亿元。捉襟见肘的资金使得张瑞敏等人不得不考虑下一步决策。恰时，资本市场开放，海尔再次抓住经济发展机会，1993 年 11 月海尔股票在上海上市，终于筹集到充足资金，海尔集团未来发展的海尔工业园得以建成。

在传统工业时代，海尔以优异的质量和服务创建产品品牌，成为中国家电知名品牌，随着海尔全球化品牌战略实施，海尔连续 10 次蝉联“全球大型家用电器品牌零售量第一”的殊荣。在互联网时代，海尔创平台品牌，从传统家电企业转变为互联网企业，以人单合一价值引领为基础，通过“平台、小微”等企业结构变革，实现了与上下游的关系从零和博弈变成利益共享共同体。在物联网时代，海尔从传统制造企业转型为共创共赢的物联网社群生态，率先在全球创立物联网生态品牌。在“万物互联”的物联网时代，以智慧家庭引领的海尔生态品牌将为全球用户带来越来越多的美好生活体验，成为全球生态品牌的引领者。

纵观海尔的发展，我们可以清晰地看到，海尔每一次战略决策的制定、每一个战术决策的调整，都始终站在技术革命和时代发展的前列，随情势而定，随情势而行。

（五）决策后果

决策后果是指一项决策所产生的效果和影响。决策者在做出最终决策之前，如果对某一方案的实施后果做出了错误的估计，往往会导致决策的整体性失败。

因此，决策者需要对每一备选方案的实施后果进行客观、公正的预估和评价，这既是保证决策科学性的重要前提，也是方案选优的依据之一。

2015年3月15日，央视新闻频道报道了一条新闻，核心内容是包括呷哺呷哺在内的知名火锅店涉嫌售卖含有猪血成分的假鸭血。一石激起千层浪。

时任呷哺呷哺市场总监与公共事务部总监的楚学友在得知消息后，第一时间安排应急预案，负责媒介监测、政府沟通、行业协会沟通等，并成立此次事件的处理小组，所有工作人员即刻进入工作状态。同时要求各部门进行全网舆情监控，保证每15分钟一次全网媒体扫描，第一时间监控舆论走向及扩散程度。

很快，处理小组进入了争议点：呷哺呷哺对此事件是否表态？如何表态？如果表态，那么，是什么时候以什么方式进行表态？

这些问题的解答需要对各种可能性后果做出判断。鉴于太多的信息量，呷哺呷哺随即为相关利益者（包括董事会的所有成员、投资人、行业协会、协会秘书长、政府相关机构）及部分媒体记者设立反馈平台。在接到所有反馈以后，做出三个判断：第一，此次并非官方主导，而是由媒体自主发起。第二，当晚一定会有官方行动。第三，央视这条报道并非专业报道食品药品专业的记者所为。由此，处理小组认为，呷哺呷哺有足够的时间展开行动，并得到共识：先出声明，配合调查，坚持品质即可。

随后，在事件发生的12小时内，呷哺呷哺当日立刻启动紧急预案，包括：①19:21，通知三个大区、九个省市的近500家门店停售鸭血，3月16日早7点将产品运回呷哺呷哺总部封存检测；②20:40，率先发布企业声明，表明态度；③21:05，发布停售以及媒体沟通渠道信息，安排专人处理媒体征询。

一时间，疑似产品从市面消失，媒体和群众的疑问也有了与企业正规沟通的途径。正是这样积极健康、及时、处变不惊的应对，使得呷哺呷哺瞬间争取到了整件事的主导权。同时这样做的背后也凸显了重要的一点——呷哺呷哺持有的是一种“对消费者负责”的态度。

公关手段只是一方面，事情的根源还在“鸭血是真是假”上。紧随其后的，就是呷哺呷哺总部和门店均积极配合各地政府部门的检查、取样，同时，呷哺呷哺提供了全面、完善、翔实的供应商资质证明、进销存台账记录和品质检验报告。

所有证据证明，此次有关呷哺呷哺假鸭血的报道纯属“央视的误曝”。那么，如何应对权威媒体的这一失误呢？处理小组分析后发布了一条声明：“食品安全肯定是一个新常态，我们要感谢媒体作为社会公信体现的舆论意识。”同时，部分媒体受邀远赴山东呷哺呷哺上游供应商——鸭血厂一探制作全程，谣言不攻自破。

在整个危机事件过程中，呷哺呷哺的股价一共跌了8%，尤其是在3月15日当天，股价跌了3%。但是，在3月26日之后，公司股价却涨了4%。之后一周，公司股价上涨了33%。

> 决策者、决策目标、决策备选方案、决策情势和决策后果共同组成了科学决策的要素，这五个要素之间相互依存、相互作用，保障科学决策的有效制定。

三、科学决策的着力点

（一）战略定位

决策的好坏直观反映一个领导者的领导水平，是检验领导者思维模式的重要标准。领导力的有效发挥依赖于科学决策的制定与实施，而一个决策科学与否，由其战略基因所决定。青年领导者需要具备战略思维，具有大局观、高瞻远瞩，具有全局观、稳扎稳打，步步为营、不以一城一池而之得失而或喜或悲。科学决策需要青年领导者在战略定位上，把握事物的发展方向，目标明确、思路清晰，要有所坚持、不能朝令夕改，要有所权衡、不能顾此失彼。

阿里巴巴集团自2012年开始，通过自建与并购相结合的方式，迅速完成在文化娱乐领域的布局：2013年收购虾米音乐，2014年收购阿里影业，2015年组建阿里音乐与阿里体育、收购优酷土豆。2016年6月，阿里巴巴集团宣布全面整合优酷土豆、阿里影业、阿里音乐、阿里体育、UC、阿里游戏、阿里文学与数字娱乐事业部等业务，成立阿里巴巴文化娱乐集团（简称阿里大文娱），由俞永福出任第一任董事长。2017年阿里收购大麦网。

阿里内容业务的第一位职业经理人是刘春宁。自2013年刘春宁上任后，阿里业务内容战略上强调差异化，战术上激进，直接打响了和腾讯音乐的版权抢夺之战。

2015年阿里用45亿美元买下优酷，时任优酷董事长古永锵加入阿里。古永锵秉持运营至上、强调用户生产内容（UGC）而非版权内容、强调广告收入而非会员增长的战略思路，直接影响了后期优酷与腾讯和爱奇艺的竞争。一位优酷资深员工回忆，他最早谈下了网剧《最好的我们》，紧接着又谈了《鬼吹灯》系列。等一切谈妥上报公司后，预算迟迟通不过。最后这两部剧分别在爱奇艺与腾讯视频播出。2018年，根据爱奇艺财报和腾讯视频的内部数据，会员业务均已成为它们的第一大收入来源。2016年，当古永锵离开阿里时，优酷从当年的第一已经变成了行业第三。

2015年7月，高晓松和宋柯空降阿里音乐董事长和首席执行官之位。当年下半年，他们提出要将天天动听改造成一款名为阿里星球的产品，把音乐行业线下的从业者和服务要素全部引导到这款产品上，包括艺人、词曲作者、制作人、录音室、场馆、化妆师……用户可以像逛淘宝一样在平台上找到所有资源，完成所有服务和交易。一夜之间，天天动听被添加了产品、服务、交易、售票、粉丝互动、直播、播放器等复杂功能。可后来的情况却越发不妙。平台最初设置了50个品类，预想每个品类有100个资源进驻。但小半年过后，每个品类只入驻了20个资源。更不妙的是，天天动听原本1000万的日活跃用户数量（DAU）在半年后猛跌至50万，用户大量流失至酷狗音乐、酷我音乐和QQ音乐；虾米作为阿里仅存的播放器，被迫从小众平台向大众平台转型，剧烈的变动导致原本忠于虾米的用户流向了网易云音乐。

2016年6月，阿里巴巴合伙人俞永福来到大文娱，正式成立了阿里大文娱板块。他认为互联网公司不应只专注于做好内容，大文娱应该为行业搭建基础设施。阿里影业在战略上的整体转向加大了业务的亏损。在俞永福任职的两年里，因其对淘票票的投入，阿里影业两年亏损将近20亿元人民币。但就在同一时期，同为在线票务平台的猫眼电影与娱票儿在腾讯的推动下合并，新平台占据了超过50%的市场份额。

2017年11月俞永福离开后，大文娱施行了轮值总裁制。当时执掌优酷的杨伟东成为第一任轮值总裁。杨伟东在任一年，主要聚焦优酷。他当时的一个主要判断是——优酷不应跟风潮流，而应修炼内功，但此时优酷正赶上行业成本高涨，大文娱血亏。此外，2016年，歌手胡海泉的公司巨匠文化买下韩国嘻哈综艺《SMTM》中文版改编权并敲开优酷的大门，优酷原本准备拉上天猫一起参与，更许下5000万一季的广告保底，但最后项目却不了了之。然而这一切被爱奇艺看在眼里，内容基因强悍的爱奇艺迅速组建企业团队，打造了2017年的爆款综艺《中国有嘻哈》。缺乏强有力统帅的大文娱，各个业务线的信心也开始动摇。

2018年12月，杨伟东离任大文娱后，阿里集团派来樊路远。樊路远完善了俞永福在大文娱的战略，在搭建行业基础设施的同时，更加重视内容。他一方面构建了淘票票（观影决策平台）、灯塔（电影宣发平台）、阿里鱼（IP衍生平台）、娱乐宝（影视金融工具）四项基础设施；另一方面加大对优质内容的投入，不再强调主投主控，出手也更加稳定。

目前，大UC事业群总裁朱顺炎成为阿里巴巴大文娱创新业务总裁，除了继续分管大UC事业群外，他还执掌了原本由杨伟东负责的阿里音乐业务。

2021年1月5日上午，阿里音乐业务的代表作虾米音乐发布官方声明表示，由于业务调整，虾米音乐播放器业务已于2021年2月5日正式停止服务。

阿里大文娱在长达五年的发展过程中，轮换了三任总裁、十位核心高管，一个季度烧掉64亿元人民币，更换了三次战略思路：①延续行业传统的打法，强调产品增长；②搭建行业基础设施和生态系统；③强调内容和基础设施并存。其领导力的不断转移，职业经理人、阿里元老、新生代干将来了又走，他们永不放弃、永远在试错，但这条路似乎怎么都走不通。就在这个阶段，腾讯完成了对文学和音乐的围剿式并购，爱奇艺凭借超过8000万的付费会员和爆款内容成为年轻人心目中的“综艺之王”。

企业架构与核心高管更迭频繁，在这背后其实是战略目标的不断调整，战略内容的含糊不明。当决策缺乏系统顶层战略定位思考时，领导力的有效发挥便成为空谈。

（二）时机把握

科学决策的制定还要依赖于青年领导者对时机的把握。时机稍纵即逝，领导者需要运用自己的逻辑思维，敏捷迅疾地抓住决策对象所流露出的蛛丝马迹，当机立断、看准时机、果断决策。否则，便会错失良机，甚至造成难以挽回的后果，令人追悔莫及。“花开堪折直须折，莫待无花空折枝。”

进入21世纪后，随着移动终端兴起而开始崛起的流媒体对传统影视媒体进行了毫不留情地毁灭性冲击。在美国影视行业媒体中，获得最大红利的就是网飞公司（Netflix）。1997年就已经成立的网飞公司因自制剧《纸牌屋》于2011年开始真正走入观众们的视线中。和传统电视台和有线电视固定时间播放固定剧集的习惯不同，网飞公司会把剧集内容一次性全部放出，由此带动了观众“刷剧”（binge watching）的观看习惯。不仅如此，网飞公司随后推出的一系列剧集因其凌厉的内容、紧凑的节奏、精致的制作而在年轻人群体中愈发普及和流行。除了观看习惯的改变及年轻人的疯狂追捧外，网飞公司在更深层面对好莱坞既有生态内容发出了挑战。其中最显而易见的是，好莱坞乃至全球通行超过半个世纪的电影和电视界限突然变得模糊，甚至被打破。在发行和放映上，网飞公司也能紧紧抓住用户，以一种更为便捷高效且更具个性化的方式同每一位观众产生联系。2019 年 1 月 23 日，网飞公司加入美国电影协会，和迪士尼、福斯、派拉蒙、索尼、华纳五位老牌好莱坞电影公司平起平坐，并且在随后 2 月份的奥斯卡颁奖典礼上，网飞公司以《罗马》拿下了最佳外语片、最佳导演、最佳摄影三项重量级大奖，标志着流媒体在以学院为代表的传统好莱坞里正式立足。

而当好莱坞五大电影公司之一、动画产业的王者迪士尼意识到流媒体这块市场的重要性时，一切都已经晚了。虽然迪士尼旗下拥有美国广播电视公司（ABC），却长期处于亏损状态。加之资深制作人跳槽到流媒体代表网飞公司，犹如雪上加霜。以网飞公司为代表的新兴流媒体公司早已开始对迪士尼已有的观众市场疯狂蚕食，在流媒体市场中与亚马逊和 Hulu 形成三足鼎立之势。留给迪士尼的机会已经非常有限了。好在迪士尼作为经验丰富的大型电影公司依然掌握着动画市场等丰厚的资本，并紧急发布建设自家流媒体的计划，于 2019 年 4 月宣布上线自己的流媒体平台 Disney+。

网飞公司与迪士尼因为进入流媒体市场时机的差异，导致了二者近年来在该市场观众群抢夺战中的胜负之分。网飞公司因为看到移动客户端的普及以及流媒体市场兴起这样的时机，主动果断地进入该市场，想方设法满足及扩充观众需求，最大限度地发挥了自己的优势，最终让自己在好莱坞从名不见经传的小配角一跃成为实力雄厚的主角，与传统的好莱坞电影公司平起平坐。反观迪士尼，因为在流媒体兴起之时未发现其有巨大的发展潜力和发展价值，没有抓住进入该市场的最佳时机，只能亡羊补牢，但效果只能事倍功半，且是否能在该市场获得观众的青睐还未可知。

（三）准确估判

决策的科学制定离不开领导者对决策情势的准确估计。决策制定时对情势和局势的准确估判，是牵一发而动全局的大事，将会影响决策后企业的发展及事态的走势，极大地影响着决策后果。一般情况下，决策情势都错综复杂，决策所产生的后果短期内又无法预见，这就要求领导者通过多种思维方式，通过分析综合复杂的现象、归纳总结获得的信息、抽象概括掌握的证据、合理推定因果关系，在制定决策前对决策情势加以准确的估计。决策的科学制定离不开领导者对局势态势的准确判断，领导者应运用自己的逻辑思维，宏观勾勒、微观扫描，提高对所处时局进行预测与判断的准确率。

黑莓手机曾经是智能手机的代名词，以其独特的全键盘设计及智能化系统，吸引了全球消费者的目光。在 iPhone 诞生之前，黑莓曾在北美坐拥超过 50%的市场份额。即便是在 iPhone 4 时代，黑莓手机的出货量仍然高达每年 5000 万台，全球市场份额高达 20%，丝毫不落下风。

当 iOS 横空出世、安卓迎头赶上之时，用户已经不再满足于收发邮件等功能，而是开始追求影音、摄影等娱乐属性。iOS 和安卓共同开启了软件时代，各种 APP 层出不穷。彼时的黑莓，不知是没有意识到这一点，还是并不在意，依然坚持自己的商业定位、安全属性，认为这样就能分得一杯羹。2003 年，黑莓推出黑莓 6000 系列手机，该手机采用了较为先进的手机技术，用户不仅可以打电话和发短信，还可以收电邮、查看文件及浏览网络。对于那些每天需要打字，且手机主要用于工作的用户来说，热爱并需要黑莓，对他们而言，iPhone 更像是用于娱乐的。然而，随着“技术消费化”的趋势，不少黑莓用户回家后会使用 iPhone，因为后者使用起来更有乐趣，很快，这些用户想在工作中也使用 iPhone。

当黑莓意识到这一点时，为时已晚。2008 年 11 月，黑莓发布了首款触屏手机 Storm，但并未有起色。之后黑莓将注意力放到了拉美和亚洲市场，并在数月之内取得了成功，在印尼市场份额极速上升，但最终倒在了一批亚洲低价智能手机厂商的脚下。

墨守成规的黑莓被软件商放弃、被大批用户舍弃，市场份额不断流失。为了扭转业绩下滑的颓势，黑莓不得不放弃标志性的全键盘设计，并转投安卓阵营来满足用户喜好。但即便如此，黑莓危机已成定局，市场增值空间有限，黑莓手机的销量依旧不断下滑。无奈之下，黑莓只好宣布放弃智能手机业务，并将品牌授权给 TCL。TCL 接手黑莓品牌后，在设计上意图兼顾全键盘特色及开放的安卓系统，实现经典和新潮的统一。尽管不断推出新机型，但销量却持续走低，市场反馈依然不佳，甚至表现还不如黑莓自营时代。

2020 年 8 月，黑莓手机迎来了最终落幕。跟不上时代的黑莓，终究被时代给抛弃了。

回顾黑莓手机的衰落史，我们找到了黑莓失败的三大主要原因：首先，黑莓并未意识到 iPhone 会带来威胁，相比苹果，黑莓显然错失了多次良机；其次，忽视了亚洲低成本的智能手机竞争对手；第三，研发的高端智能手机并未引起共鸣。究其根本，还是由于黑莓公司领导者在时机到来时，对时机和未来时代发展未做出准确估判，从而形成了一系列错误的，甚至是致命的决策。如果黑莓能早对苹果有所防备；如果黑莓可以在智能手机业务线上早做打算；如果黑莓可以意识到用户对手机在工作及娱乐方面的整合需求；如果黑莓可以看清“技术消费化”趋势……巨星陨落的悲剧都不会降临在黑莓手机的身上。然而，这世上并没有“如果”，只有前车之鉴。

（四）变革前瞻

科学决策的制定还有赖于青年领导者在思维上不惧变革、主动前瞻。领导力大师华伦·本尼斯（Warren Bennis）及西方领导学理论的代表人物伯特·纳努斯（Burt Nanus）曾说了一句被无数人引用过的经典名言：“管理者要把事情做对，而领导者是要做对的事（Managers are people who do things right and leaders are people who do the right thing.）。”从决策的角度上来看，该句点明了与规避风险的管理者不同的领导者在决策时，就是要敢于不断突破现有企业边界，引领发展、不惧变革。同时，青年领导者还需具备前瞻的意识，不拘泥于现状、不委蛇于安定。

2019年6月6日上午，工信部向中国电信、中国移动、中国联通、中国广电发放5G商用牌照。随后，华为官方微博发文表示：华为公司将凭借端到端全面领先的5G能力全力支持中国运营商建好中国5G。这标志着中国5G商用元年正式开启。

时间回到2018年12月，据中国移动预判，首批测试、预商用5G终端可能在30款以上，价格高于8000元；到2020年，5G手机的价格门槛可能到1000元以上。所有的人工智能、物联网等方面的变革也将随之到来。而我们，正在经历历史和迎接变革！

在变革来临之前，华为公司最先做出了反应，制定了一系列发展和创新5G技术的决策。

5G网络是第五代移动通信网络，是4G系统后的延伸和升级。为抢占未来市场，目前全球多个国家已竞相展开5G网络技术开发。作为5G的“最后一公里”，也是最难实现的“一公里”，小基站便成了5G部署的“必需品”——要想部署5G就需要更多的接入点，因而，5G的部署离不开小基站的变革，而这也绝非是一天两天就能完成的。然而当时间追溯到2000年时，华为公司就已经开始研发小基站产品：在室外，提供高度集成化的小蜂窝产品AtomCell系列，方便站点公司和运营商开展站点众包合作；在室内，提供LampSite、Pico和Service anchor解决方案，快速地实现室内深度覆盖，使应用开发商和运营商可开展应用众包合作。

除此以外，目前5G设备包括的基站设备和光通信设备中，华为是全球第一大设备供应商，基站设备占有率30%~35%，光通信设备全球市场占有率40%~45%，在电信设备方面，华为的营收甚至超过排名第二、第三的爱立信和诺基亚的营收总和。

在专利技术层面，截至2018年12月28日，中国信息通信中心统计出5G网络的专利数量，其中华为以1970件专利，排列在其他通信公司前列，华为专利数量占比5G网络总专利数的21%。在国际上，华为拥有61项5G标准专利，超过三星，居世界第一。作为国际IPv6（5G和物联网的基础协议）标准的制定者，华为的IPv6设备及解决方案为全球最大的IPv6网络CNGI提供了超过70%的网络设备，目前已经稳定运行6年，也就是说，早在2013年，华为便已拥有可供给的成熟的IPv6网络设备，那么，可以推测肯定的是，华为对于这些设备的研发早于2013年。

华为副董事长胡厚崑在2019年“世界移动通信大会”（Mobile World Congress，即MWC）上宣布，截至2019年6月底，华为在全球已经签订了50份5G的商用合同，在行业里遥遥领先，累计发货数量15万个基站。如果未来全球5G都将被华为、被中国主导，那将会是一场翻天覆地的全球移动通信变革。

华为公司目前在5G技术上处于国际领先地位，成为5G时代的领航者，这与其在若干年前的主动前瞻性决策息息相关。从某种程度上，华为的决策不仅促进了我国及世界通信行业的发展，甚至推动了全球社会生活的变革，这场广泛的变革意义深远，这个决策的意义非凡。

战略定位、时机把握、准确估判、变革前瞻成为面向未来的青年领导者制定决策时所需依赖和重视的着力点。

四、科学决策的方法

（一）德尔菲法（Delphi Method）

德尔菲是 Delphi 的中文译名，它原是古希腊的一处遗址——传说中神谕灵验并且能预卜未来的阿波罗神殿所在地，于是后人就借用 Delphi 这个词来比喻高超的决断能力。这种决策方法最初的应用主要是来预测科技对战争的影响。1944 年，后来被称为“美国现代海军之父”的五星上将亨利·哈里·阿诺德（Henry Harley Arnold）就是用这种方法向美国空军司令部提出一份有关未来技术在二战中的应用报告。在 20 世纪 50 年代，美国兰德公司逐渐发展和确立了德尔菲法的使用技巧。当时他们在研究如何避免集体讨论屈从于权威或盲目服从多数的缺陷，以 Delphi 为代号的德尔菲法由此诞生。

最初将德尔菲法应用于实践的是道格拉斯公司（即 McDonnell－Douglas Corporation，麦道航空公司）的飞机制造计划。不过令德尔菲法一炮而红的是在 20 世纪 50 年代初期，当美国政府执意参与朝鲜战争的时候，兰德公司提交了一份用德尔菲法做的战况预测报告，预测出“一旦美国参与朝鲜战争，中国必将出兵朝鲜”，并预告这场战争美国必败。然而当时的美国政府完全没有采纳，结果陷入朝鲜战场的泥潭。从此以后，德尔菲法开始得到广泛认可。

德尔菲法的实质是采用函询调查，请有关领域的专家对决策对象分别提出意见，然后将他们所提的意见予以综合、整理和归纳并得出原始结论，之后将其匿名反馈给各位专家再次征询意见，随后收集结果并将其再一次加以综合和反馈……如此循环往复，最终得到一个比较一致的、并且可靠性较大的意见。

德尔菲法的三个特点是：①吸收专家参与预测，充分利用专家的经验和学识。②采用匿名或背靠背的方式，保证每一位专家独立自由地做出自己的判断。③预测过程几轮反馈，使专家的意见逐渐趋同。

（二）层次分析法（AHP）

层次分析法又被称作竞赛式决策制定法或阶层分析程序法（Analytic Hierarchy Process）。它是由美国匹茨堡大学教授托马斯·萨蒂（Thomas Saaty）于20世纪70年代初开创，是一种基于数学和心理学的相关知识层次权重决策分析方法。自20世纪80年代开始，该方法在世界许多国家得到推广应用。

使用竞赛式决策制定法的主要步骤是：①将决策中有关联、有影响力的多种因素采取阶层结构的方式加以排列，形成一个矩阵。这些因素可能是相对独立或排斥的，它们有着各自的决策方案。②根据某种标准计算出被比较的每个因素对于决策的相对权重。③计算各层次决策方案对于系统的总排序权重，并进行排序。④根据排序选择总决策。

（三）决策树法（Decision Tree）

决策树法是一种在决策过程中利用概率论的原理，用有序的概率图解把几项可选方案及有关随机因素有序表示出来而形成一棵树形作为决策分析工具的方法。整个决策树由决策结点、方案分支、状态结点、概率分支和结果点五个要素组成。

决策树法的基本原理是用决策点代表决策问题，用方案分支代表可供选择的方案，用概率分支代表方案可能出现的各种结果。经过对各种方案的结果进行统计计算并加以比较，选择或规避概论最高的决策，从而为决策者提供决策依据。

（四）运筹决策法

1951年，参加过第二次世界大战的莫尔斯（P. M. Morse）博士和金博尔（G. E. Kimball）博士两人合作出版了一本名为《运筹学方法》的著作，标志着运筹学这门学科的正式形成。在书中，两位博士明确指出，运筹学不仅能应用于战争决策，而且也是一种为企业活动与决策提供数量分析依据的科学方法。在当代，运筹学被广泛应用到科学决策的制定中。

根据研究对象的不同，运筹决策法大体形成了四个分支：

（1）规划论，主要用来对如何充分利用企业的一切资源进行决策。规划论所指向的决策是企业如何利用已有资源（包括人力、物资、设备、资金和时间），从而最大限度地完成各种计划指标，以获取最大的效益。

（2）库存论，顾名思义，主要用于帮助进行制定库存的决策。库存论研究在什么时间、以什么数量、从什么地方供应，在既保证企业有效运转，又使其保持一定库存和补充采购总费用最少的情况下，补充零部件、器材、设备、资金等库存。

（3）排队论，又称等候理论，主要用于公共服务系统中的决策。排队论研究公共服务系统应该设置多少服务人员或设备，在既不使顾客或使用者过久地排队等候，又不至于人员、设备过久闲置的前提下，能够最为合适、最令使用者满意、最为节约资源。

（4）对策论，又称博弈论，被应用于科学决策时，主要是用来研究在利益相互矛盾的各方竞争性活动中，如何使自已一方获得期望利益最大或期望损失最小，并探求出制胜对方的最优策略。

> 不同的决策内容、决策目标、决策对象需要使用不同的科学决策方法。常见的方法包括：德尔菲法、层次分析法、决策树法和运筹决策法。

第三节　促成团队合作

> 我的工作是带领一群优秀的人，帮助他们成为更好的自己。
>
> ——史蒂夫·乔布斯

一、团队合作的重要性

大雁以V或人字形队伍飞行时，每只大雁鼓动的翅膀能产生上升气流让紧跟在后的大雁飞得轻松。所以大雁以V字形队伍飞行时，整队航程比单只大雁可增加71%的飞行距离。

当队伍中一只大雁脱离队形时，马上就会被前方成员所提供的上升力拉回队伍。但有时两三只大雁会短暂脱队，以试探有无较佳的气流或飞行方式。当领头雁疲乏时，会退到队伍后面，由后面的雁只递补上去，而且，后排的大雁会用鸣叫来鼓励前排的雁只奋勇向前。当一只大雁因生病或遭遇枪伤而脱离队伍时，其他两只大雁会跟着脱队、降落陆地来协助和保护它，而且会留到生病或受伤的这只大雁能重新飞行或死掉为止。至此，它们才会重新归队。

总是成队飞行的大雁给我们了什么启发呢？当具有共同目标、朝着相同方向迈进的不同个人集合起来，相互配合、相互合作、相互鼓励、相互支持时，不仅彼此都可以获得成长，还可以更迅疾地对外界做出反应、可以更清晰地实现目标、可以用更轻松的方式到达所指的终点。这就是团队合作的意义和价值。

一个成功的团队，首先一定要有一个清晰的目标。同时，团队中每位成员角色分配清楚，明确各自的任务。另外成功的团队还需要包含一个有效的、有序的企业结构，成员间有责任关系。在该企业结构中，团队成员可以坦诚开放进行沟通，可以积极处理来自不同声音的不同意见。其次，团队更能互相支持、互相信赖，并已结成良好的对外关系。团队在此基础上才能有效地解决问题并分享成果。

一根筷子很容易折断，但是很多根筷子就很难折断了。个人的力量总是有限的。一个分工清晰、全力合作的团队可以发挥出比一个人更大的力量。

二、构建有利开展工作的团队

星巴克咖啡从1987年西雅图一家街头小咖啡馆开始发展到今天除了它在打造其品牌上有独到策略之外，团队建设便是其维持品牌质量至关重要的手段，也是该公司不可替代的竞争力。以商店为单位组成团队，星巴克倡导的是平等快乐工作的团队文化（内部）。星巴克对自己的定位是“第三去处”，即家与工作场所之间的栖息地，因此，让顾客感到放松舒适、满意快乐是公司的愿景之一。

与大多数企业不同，星巴克从不强调投资回报（Return for Investment，即ROI），却强调快乐回报（Return for Happiness，即ROH）。他们的逻辑是：只有顾客开心了，才会成为回头客；只有员工开心了，才能让顾客成为回头客。而当二者都开心了，公司也就成长了，持股者也会开心。团队文化是他们获得ROH的最重要手段。那么星巴克是如何创造这种平等快乐工作的团队合作文化的呢?

首先，领导者将自己视为普通的一员。虽然他们从事计划、安排、管理的工作，但他们并不认为自己与众不同，应该享受特殊的权利，不做普通员工做的工作。比方说该公司的国际部主任，去国外的星巴克巡视的时候，也会与店员一起上班，做咖啡，清洗杯碗，打扫店铺甚至洗手间。

其次，每个员工在工作上都有较明确的分工，比如有的专门负责点单、收款，有的主管咖啡制作，有的专门管理内部库存，等等，但每个人对店里所有工种、所要求的技能都接受过培训，因此在分工负责的同时，又有很强的不分家的概念。也就是说，当一个咖啡制作员忙不过来的时候，如果其他人分管的工作不算太忙，会去主动帮忙缓解压力，并没有“莫管他人瓦上霜”的态度。这种既分工又不分家的团队文化当然并不是一蹴而就的，而是有针对性地进行强化训练的结果。

第三，鼓励合作，奖励合作，培训合作行为。以前在星巴克工作的员工，无论来自哪个国家，在商店开张之前都要集体到西雅图（星巴克总部）接受三个月的培训。学习研磨制作咖啡的技巧当然用不着三个月，培训大部分的时间主要用于磨合员工，让员工接受并实践平等快乐的团队工作文化。由于各个国家之间的民族文化差异，有的时候在实施中会遇到很大的阻碍。比如日本、韩国的文化讲求等级，很难打破等级让大家平等相待。最简单的例子就是彼此之间直呼其名，因为习惯加上头衔的称呼，不加头衔称呼对方对上下两级都是挑战。为了实践平等的公司文化，同时又尊重当地的民族文化习惯，星巴克用给每个员工起一个英文名字的方式来解决这个矛盾。

另外，公司还设计了各种各样有趣的小礼品用来及时奖励员工的主动合作行为，让每个人都时时体会到合作是公司文化的核心，是受到公司管理层高度认可和重视的。

星巴克有关团队建设的案例表明，团队的工作内容可以不同，团队成员的知识结构可以不同，团队本身的结构和组成也可以不同，但只要抓准了团队的特征去有针对性地进行管理，各种各样的团队都有可能被打造成优秀的团队。领导的作用重要但又不能凸显，关键但又不能过分强调。领导者要在领导的同时让队员感受到是他们自己在领导整个团队。这样，当每一个队员都产生对团队的拥有感的时候，他们就再也不必苦苦思索是否要合作的问题，而是会忘情地全心贡献自己的力量。

那么，如何构建一个有利于开展工作的团队呢？

（1）明确团队需要处理的任务。这是构建团队的第一步。需要回答以下几个问题：团队的目标是什么？只有一个目标，还是有几个目标？如果不止一个目标，那么这些目标之间存在什么样的关联性？目标的达成会带来什么样的结果？如果没有达成，又会造成什么样的损失？

（2）了解团队成员。在团队成员特性方面，首先需要了解的是成员的性格、爱好、特长及人际关系等。其次，还要考虑成员间的配合程度。

（3）了解现有的资源及限制。团队的资源包括人力资源、资金资源、环境资源、政治资源、时间资源等。我们可以统筹规划团队资源、分配利用好这些资源，积极促进团队的构建。

> 构建一个有利于开展工作的团队需要满足三个条件：①明确团队需要处理的任务。②了解团队成员。③了解现有的资源及限制。

三、如何做一个好的团队领导者

汉高祖刘邦归纳自己开创王朝的经验是："运筹帷幄之中，决胜千里之外，吾不如张良；镇守国家，安抚百姓，不断供给军粮，吾不如萧何；率百万之众，战必胜，攻必取，吾不如韩信。三位皆人杰，吾能用之，此吾所以取天下者也。"最优秀的领导者，不应该亲自动手，而应该利用团队中人的力量——"管人就可以就位"。毕竟，发展绝不能只依靠一个人的力量，而是需要依靠整个团队力量。但是团队中的每一个人都有自己的个性，如何发挥团队作用，关键就在于团队的领导者。

"各号注意，我是0号，30分钟准备。"2021年6月17日早上8时52

分，在神舟十二号飞船发射任务倒计时30分钟时，酒泉航天发射场，0号指挥邓小军的声音传遍指挥大厅。

在神舟飞船发射测试指挥链条上，对航天员、飞船、火箭和发射场实施分域分级指挥，区分调度级别和层次，十个关键系统设置有200多个调度代号，0号指挥居于指挥链条的最顶端，是飞船发射过程中发射场的最高级调度员。从火箭产品进场到发射，0号指挥需要对整个任务的组织计划进行设计和实时掌握。从进入发射程序到点火，0号指挥要下达上百个口令，对发射程序要烂熟于心。尤其从发射前30分钟开始，0号指挥成为发射场的“施令官”，航天员、飞船、火箭、发射场系统、航区测控通信系统等载人航天各大系统均须听其号令。

0号指挥要协调的系统多，流程长，协同工作多，工作密集，需要反复地切换状态。邓小军每天都是第一个上岗，最后一个下岗。整个流程中，指挥不能断线，“你的身体离开了，但是你的调度、职责不能离开”，邓小军说。哪怕去上个卫生间，0号岗位都必须有人在位。“因为我坐在那儿不能动，一旦要去了解什么情况，或者要到前面去保障，我不能走，所以我会安排别人配合，阶段性地接替我或者代我去办理。”

0号指挥，这么复杂的一个系统，不是一个人单打独斗就能够完成的。在正式登台亮相前，邓小军和他的测发团队做了充分的准备。

2019年，他带领测发团队赴北京航天一院下厂学习，对任务产品进行再认识，再熟悉。回来后，通过专攻精练，强化测发系统的理论培训及实操训练。产品进场前，他们还开展了多轮次的专项训练，确保掌握任务流程，熟悉任务操作，具备操作能力。他们团队都顺利通过了上级组织的三轮次任务评审考核，岗位人员都具备了上岗资格。

邓小军说：“0号不是一个人，而是一个团队。”

做一个好的团队领导者，需要做到六点。

第一，应该聚焦于目标。目标的最终达成是团队存在的意义和价值。一个团队的目标可以有长期与短期之分，但应该是清晰明确的，此外，根据激励的期望理论，团队目标的设置还需要合理，能激励鼓舞团队成员通过努力获得回报。

第二，保障团队合作氛围。优秀的团队领导者除了自己与其他团队成员沟通无障碍之外，还应该促使团队成员之间相互坦诚地沟通与交流，并积极帮助团队成员扫清妨碍目标实现及沟通不畅的障碍。

第三，为团队中的每一个人树立信心。这就要求团队领导者身先士卒、以身作则，具有抓住机会的能力及对成功的积极态度，为员工建立起胜利在望的信心。

第四，展示领导者的专长。既可以是宏观任务“尖端技术问题”的解决，又可以帮助成员分析和处理复杂的问题。

第五，分清轻重缓急，学会“弹钢琴”。在现实生活中，往往一个团队在目标任务达成过程中会遇到需要同时面对和处理许多问题的情况。作为领导者不能心焦心急，也不能“眉毛胡子一把抓”，而要及时调整自己的情绪，狠抓关键问题并行动，依次实现团队目标。

第六，成效管理。高效的团队领导能够保证团队成员可以根据自己的表现来获得与其对应的绩效。这既激励了表现优异的团队成员，也帮助了表现不好的成员及时解决问题。正如马云所说：“一个员工离开，一定有很多原因，但其中有两条最为重要，一是给的钱不够，让他感觉自己的付出收入比不对等；二是感觉跟着你混没有前途，看不到希望。”

以上六点是对团队领导者的要求，那么一个优秀的团队领导者都需要完成什么任务呢？

在资讯方面，团队领导者需要收集、分析信息，保证信息的去伪存真；保持对环境的敏感，包括时刻关注着自然环境（如天气）、政治环境（如政府政策）、社会环境。

在人际方面，团队领导者需要尊重他人，并引导他人发挥潜能；营造团队合作的氛围、促进团队成员间积极与他人共事；塑造信任，杀伐决断；不断发展人际网络。

在沟通方面，团队领导者也需要具备良好的口头与书面沟通能力。

在资源管理方面，团队领导者特别是在人力资源管理方面，可以对团队成员进行分派工作、管理与督导等。同时，团队领导者需要不断去动员、争取外部资源的支持。

> 一个团队中的领导者对本团队及其成员有着正反两方面的影响：从正面来看，领导者在团队中必须要树立起威信，并帮助队员之间建立信任，传递出高效的工作方法和技巧，通过激励来提升成员的信心。但是，从反面来看，团队领导者过于优秀也可能会使团队成员对其产生依赖。因此，一个好的领导者需要牢牢掌握着领导团队的“度”，担任该团队的把关者、示范者、观察者、推动者和领航者。

第四节　高效管理时间

> 不能管理时间的人，就不能够管理一切。
>
> ——彼得·德鲁克

时间是一个固定的东西，每个人拥有的时间是一样的，在这一天里，我们究竟能够做多少事情，完成多少任务？在一年里，能够实现多少目标？取决于你的时间管理能力。有研究证明，使用一些简单的时间管理技术就可以提高个人效率，其结果是可以使我们有更多的时间参加社会活动、锻炼、休闲及做一切自己想做的事。在职场中，你也会看到，有些人之所以管理低效，是因为他根本就没有时间观念，没有科学配置时间的主动性，在自觉不自觉中，既浪费了自己的时间，也浪费了别人的时间。对于领导力的培养而言，任何人都可以拥有和提升个人领导力，不论我们的年龄、教育水平、头衔或其他任何特征，要想成为优秀的领导者，都要学会自我管理，其中良好的时间管理能力是必备的技能，只有管理好时间，明白什么事该做，什么事不该做，才可能达到想实现的目标。

一、何为时间管理？

（一）时间管理的内涵

所谓时间管理，是指通过事先规划和运用一定的技巧、方法与工具实现对时间的灵活及有效运用，从而实现个人或企业的既定目标。

时间管理的目的：决定事件的选择与控制，让生活变得有序。有效的时间管理并不是要把所有事情做完，而是在有限的时间内，决定要做什么，不做什么，哪些优先，哪些次之。那些看似忙碌不堪，不得半刻清闲的忙，未必有价值，反而是不得时间管理要领的体现。

时间管理的本质：高效的自我管理，即通过事先的规划，对一个人的工作生活做出提醒和指引，它考验着一个人的资源分配能力，是注意力、影响力和精力的投资过程，是关乎自律、成长、创造的过程。

时间管理的关键：效率和效能的提升，就是要规定和计划好工作，聚焦于那些能够带来高回报的、重要的、有价值的任务和活动，这样才能进入高效的时间管理之中。

时间管理的核心：对内、对外两方面的管理。对内管理自己，对外管理事务、管理合作关系。

时间管理的原则：积极规划；要事第一；克服拖拉；设定期限；减少中断。

高效和低效的人，区别就在于怎么分配时间。高效的人会记录自己的时间，对“时间花费”进行诊断，弄清楚时间用在何处、怎么消耗或被谁掠夺了。当一个人每天无所事事，或者忙得晕头转向却不见成效时，就应该暂时停下来，去审视一下自己的时间利用效率，审视一下自己在时间中所处的角色，寻找一条更为合适的途径，实现自己的目标，追求自己的人生价值。

（二）时间管理沿革

时间管理的理念最早来源于管理学领域，随着人们对时间认识的不断深入，时间管理的理论也在逐渐发展，其研究始于20世纪50年代，其演进经历了以下几个阶段，见表5-4。

第一代：备忘录式管理。着重利用便条和备忘录，把当天要完成的事情记录下来，然后按照记录一件一件做完，备忘录可以随身携带，忘了就把它拿出来翻一下。如果今天一天结束完成了大部分的事情，就可以在备忘录上划掉，否则就要增列到明天的备忘录上。优点是便于追踪那些待办事项，完成了会带给人成就感。缺点是按照记录去做，没有优先秩序，需不需要做、该不该做都不清楚，容易陷入无谓的忙碌。

第二代：进程式管理。注重做计划，制定日程表。对时间的利用不局限于当天，而是制作长期、中期、短期日程表，这反映出时间管理已注意到规划未来的重要性。优点是通过制定的目标和规划，提升自制力，能够未雨绸缪。缺点是只按照计划执行，忽视了各项工作的轻重缓急。

第三代：效益式管理。注重依据轻重缓急来确定短期、中期、长期目标，再逐日制订实现目标的计划，将有限的时间精力加以分配，争取最效益。优点是体现了人们对时间效能的重视和追求，注重工作的优先顺序。能够发挥长期、中期或者短期目标的效果，也能根据每天的规划，安排优先顺序，它的效率比较高。缺点是当过分强调效率时，时间绷得太死，对时间的约束较为死板，不考虑个人需求，容易降低生活品质。

第四代：价值式管理。根本否定时间管理，强调人比事重要。主张时间管理的关键在于个人管理，要学会平衡工作与生活，分清重要的事先做，注重重要而不紧急事务的完成，兼顾重要性和紧迫性，以提升个人工作和生活的质量为根本目标。

表 5-4　时间管理理念的历史演进

理论演进	特点	优点	缺点
第一代	依靠备忘录	应变力很强、没有压力	随意忽略整体规划
第二代	强调规划与准备，制定时间表	追踪事件达成率比较高	产生安排的习惯
第三代	强调效率、制定优先顺序	合理分配和利用有限时间	价值目标需明确
第四代	强调价值，追求高效	工作生活均衡	

二、时间管理的重要意义

现代管理大师德鲁克的观点——要成为一个有效的领导者，必须学会时间管理，这是自我管理的重要方面，也是提升青年领导力的重要技能。

第一，良好的时间管理能力可以提高效率。科学安排好事务的处理顺序，才能使效率提高成为可能。这在科学管理理论中对如何提高劳动生产率的探讨和研究中就早有证明。泰罗等人在科学实验中发现，通过制定标准的操作方法，科学安排工作的进程，并用这种方法对工人进行训练是有助于提高工作效率、体现时间价值的，进而推动企业效益的提高。

第二，有效的时间管理有助于增强一个人的自律性。美国联合院校领导能力研究领域教授詹姆斯·菲舍尔认为，“自律”是一个人“掌握权力的基本特点”。解决人生问题的首要方案，就是自律，它是帮助你完成大部分有价值事情的基础，它可以让工作生活变得更加丰富有序，提升满意度，减少压力，掌握权力。有效的时间管理是增强自律的重要途径，而不懂“时间管理”的自律也都是瞎忙。

第三，有效的时间管理有助于提升个体领导力。对于领导力的培养而言，领导者与被领导者的差别在于“会”与“不会”，领导者是一个“会”做事的人，不仅懂得利用安排自己的时间，同时也十分清楚如何使下属最大限度地利用时间。而被领导者多为“不善用时间的人”，在每个礼拜终了的时候，最常说的话就是：“哎呀，怎么还有这么多事情没有做，怎么办？感觉忙忙碌碌的，但又觉得好像没做什么……”拥有高效的时间管理能力可以帮助你从一个“不会”的人，变成“会”的人，发挥自己的作用，影响他人。所以，要想成为未来的领导者，从现在开始要学习建立优秀的领导思维。

作为民营企业的代表，现在的华为显然已经成为中国对外宣传的一张名片。从1987年创立之初只有三名员工，到现在全球拥有几十万员工，从中国的电信领域成长为一个国际化的企业，稳居世界五百强之列，任正非的成就引人注目。华为在及时、准确、优质的经营服务中，不断优化运作流程，在服务越来越职业化的背后，珍惜时间是华为能取得傲人成绩的重要品质。任正非为了让华为员工都意识到时间的重要性，并掌握出色的时间管理技能，要求每一位新加入华为的员工都必须参加时间管理的培训课程，旨在帮助员工养成良好的时间管理习惯，从而促进个人效率的提高，减少工作中不必要的时间浪费，使工作一步到位，为企业创造更多价值。

三、时间管理的基本方法与工具

彼得·德鲁克曾言：“不能管理时间的人，就不能够管理一切。”因此了解一些有关时间管理的基本方法和工具，会有助于我们更好的管理时间。

（一）时间管理的基本方法

常用的基本方法主要有以下几种。

1. 艾维利时间管理法

艾维利时间管理法也叫“6 点优先工作制”。艾维利认为，在一般情况下，如果一个人每天都能全力以赴地完成对他而言最重要的 6 件事情，那么，长此以往，他一定是一位高效率人士。这种方法主要分为三步：第一步，用 5 分钟时间在白纸上写出明天要做的最重要的 6 件事。第二步，再用 5 分钟时间把这 6 件事按照“任务的重要程度和价值，而不是紧急性”的原则进行优先排序，用数字标明每件事情的重要次序，最后将这张纸贴在醒目的位置。第三步，从明天开始，按照这张纸上的重要性次序一一执行，当第一件事情达到阶段性目标后，开始做第二件，这样就可以保证你每天都在从最重要的事情开始做，都在完成最重要、最有价值的任务，直到任务结束，每天都这么做，直到养成习惯。用此方法，美国伯利恒钢铁公司，从濒临破产的小厂一跃成为当时世界最大的独立钢厂。

20 世纪初，伯利恒钢铁公司总裁查理斯·舒瓦普因公司业绩不好，员工效率低下，向艾维利咨询，希望得到帮助。如果能够解决困境，他愿意支付任意报酬，数额由艾维利说了算。当时艾维利给出的建议是，让舒瓦普拿出一张纸，写出第二天要做的 6 件最重要的事情，依次排序，再让他按照这个顺序去工作，直到下班。若舒瓦普能够坚持使用并觉得有效，就将这个方法逐级推广下去，直到每一名员工。一年后，作为此次咨询的报酬，艾维利收到了一张来自伯利恒公司的 2.5 万美金的支票。五年后，伯利恒钢铁公司成为当时全美最大的私营钢铁公司。

2. 番茄钟时间管理法

番茄钟时间管理法是发明人弗朗西斯科·西里洛在 1992 年创立的，他认为，人的大脑是有一定节律的，通过执行一套相同的动作和准备程序，可以使我们的大脑自我调整，快速进入执行某类事务的最佳状态。这个方法有助于提升专注力和工作效率，减轻时间焦虑。其做法包括：第一步，列出你最近所有活动的清单，将今日要完成的重要事情填写进“待办事宜表”，再评估活动的优先级，将待完成的事项进行排序，选择最重要的一个任务。第二步，选择你可控的时间，将闹钟设置为 25 分钟，25 分钟为一个番茄钟，开始工作，可将活动进行拆分，如果这件事情预估需要 7 个以上的番茄钟，那就将其拆分为小项目，明确各个番茄钟内对应的任务。第三步，启动番茄钟，在 25 分钟内保持专注，一次只做一件事，学会拒绝打扰，抛开所有杂念，让自己进入心流状态。第四步，当番茄钟响起，不论是否做完，休息 5 分钟，在休息的时间内彻底放松，不去做番茄钟内的任何事，休息完毕继续下一个番茄钟，4 个番茄钟可奖励自己休息 25 分钟，直到任务完成，并在任务列表里将其划去。再采用同样的方法启动下一个工作。第五步，在一天结束前，要做三件事：记录、处理和可视化，即对每日的活动进行回顾，记录中断次数，分析原因，不断改进个人流程，提升精确估计的能力，直到建立习惯，形成属于自己的一套方法。番茄钟在使用的过程中，需注意，启动的 25 分钟内不可打断，如有紧急事件非得去做，那这个番茄钟宣告作废，等处理完紧急事情，再重新开始之前的番茄钟。总之，以 25 分钟的短期迭代为节奏，建立可持续的步伐，工作时一心一意，休息时安心休息。当然，番茄钟的时间长短也可自己调节，找到适合自己的节奏，但一开始使用时，还是建议使用 25 分钟并至少坚持两周。频繁修改番茄钟的时长，会破坏你的节奏，见图 5-1。

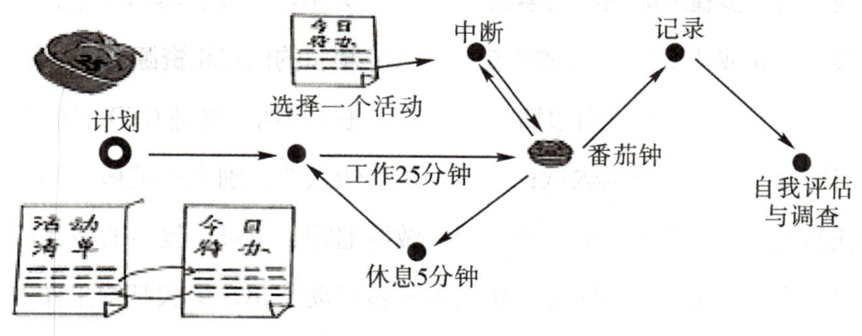

图 5-1 番茄钟时间管理法

3. GTD 时间管理法

GTD（Getting Things Done）翻译过来就是“把事情做完”，即把你要做的事情从大脑里清空，记录下来，之后进行整理，将任务和项目变成具体行动，付诸实践，逐一执行。其核心是帮助你更好地跟踪、管理思绪、要做的事情、想做的事情，以及使你的心静下来，在合适的情境中高效地完成最重要的任务。它是一个系统的时间管理方法，有一套流程，每个步骤都不能偏废。

第一步收集：把所有你要做的事情、想做的事情全部丢进收集箱，清空大脑。收集箱可以是电脑、书桌的抽屉，可以是适用的 APP。

第二步整理：清空收集箱。整理的原则为按顺序处理，一次只能想一件事情，整理完毕的事务不可再放回收集箱，处理完一件任务就打一个对勾。具体做法为：首先，分出哪些是不需要采取行动的，哪些是需要采取行动的，再将收集箱的任务分成 7 类。①2 分钟内可以完成的任务。②待办事项，2 分钟内没法完成，但可以委托别人完成的事情。③特定日程，需要特定时间去做的事情。④单步骤事项，不能在 2 分钟内完成，不能授权，不是特定时间要完成，自己可独立一次性完成的事情。⑤多步骤事项，不能一步完成，需多步骤才能完成的事情。⑥某一天事项，没有具体规划，希望在未来某一天完成的事项。⑦参考资料，收集箱里的信息和资源。

第三步组织：将所有事情分类管理，进行归档，这是 GTD 的核心。2 分钟可以做完的任务立刻去做；自己不是最佳人选，别人可能做得更好的，就委托他人去做，放入等待处理清单，做好追踪、记录；复杂的事务放入任务清单，将其细化成具体任务，建立下一步行动清单，每次开始工作的时候，就从中找到最重要的事情开始做即可，并列出日程表进行推进；特定日程需要完成的，在日历或备忘录中进行提醒；未来某一天要完成的酝酿事件，列入未来任务清单；参考资料进行归档，放入文件夹；垃圾进行删除。

企业归档可利用便利贴、日历、文件夹等工具去标识，便于识别。

第四步回顾与总结：按日、周、月的顺序进行回顾总结。

第五步执行：在执行中要做的内容只有三个。①任务清单中，计划好的内容。②没计划但需要做的内容。③整理你下一步要执行的内容，每次集中精力只做一件事。

GTD 的整个流程就是清空大脑—今日待办—今日完成—总结回顾。看起来操作很麻烦，但当你养成习惯之后，每天只需花费 10 分钟，就可以有效地缓解时间焦虑，提高时间利用率。

（二）时间管理的常用工具

管理时间的工具五花八门，线上、线下都有，它们可以帮助我们制定时间管理表，把计划、目标可视化。时间管理工具本质上是帮助我们把计划可视化，用大脑来制定计划，用可视化的工具来指挥行动。比如，制作时间表的时候，可以用便利贴、任务清单、日计划表、周计划表及各种软件工具。最传统的是利用便利贴整理代办事宜，把它们贴在醒目的位置，提醒自己。此外，很多的计划表会让我们对任务一目了然。除了纸质工具之外，线上的软件、APP 使用起来更为方便。例如，Windows 系统的桌面便利贴、印象笔记、OneNote；APP 中的滴答清单、Ihour、时间记录器、潮汐、forest、番茄闹钟等。其他的时间管理工具还有很多，可以通过试用，找到最适合你的时间管理工具。

四、时间管理的注意事项

要做好时间管理，除了要具备积极的思维和心态，掌握时间管理的策略与技巧之外，还需要注意以下几个方面。

（一）追踪你的时间使用状况

有效的时间管理前提是了解自身管理时间的现状。塞缪尔·约翰生（Samuel Johnson）说："习惯的束缚平常是感觉不出来的，等到发现时又已经变得难以破除了。"在不良习惯根深蒂固之前，我们应该迅速暴露并加以排除。定期使用清单，你会有一个很好的机会打破那些束缚，清楚你的时间浪费在哪，排除根本不必做的事。每个月做一份一星期时间使用清单，在努力拟订计划与设定目标之后，你大概会发现你的时间管理技巧有了进展。

学会使用时间记录清单，将每天所做所有事情按照时间顺序全部记录下来，注明每天完成这个项目估计花费的时间及实际花费的时间，所做事项，连续记录七天。再将所有活动依据你的活动内容予以分类，之后按照表 5-5 所示方式进行总结。

表 5-5　一周时间清单总结表

项目活动	一周估计花费的时间（小时）	一周实际花费的时间（小时）	前两项时间的差额（小时）	占一周的总时间的百分比（%）
公务活动				
个人活动				
家庭活动				

续表

项目活动	一周估计花费的时间(小时)	一周实际花费的时间(小时)	前两项时间的差额(小时)	占一周的总时间的百分比(%)
休闲活动				
其他活动				
时间总计				

一旦你完成了时间使用清单，下一步就是分析你的时间使用状况。对照你的时间使用清单及你写下来的目标，详细考虑后，回答下列问题：

①我有没有浪费自己的时间？有何途径可预防或降低这种情况的发生？

②我有没有浪费别人的时间？应如何预防、避免？

③别人有没有浪费我的时间？未来有没有方法减少或排除其发生？

④哪些活动我现在可以减少、不予考虑或交给别人做？

⑤那些对我来说很重要的事情，花了多少时间？

对日常时间使用的反思有助于将时间用得更理想。

(二)培养制作时间计划表的好习惯

所有时间管理的方法和工具，都在强调培养时间计划表的重要性，即“磨刀不误砍柴工”。据统计，在制作时间计划表时每多花一分钟，执行时就会节省十分钟。计划表可以帮助你了解所有的“待办事宜”，帮助你了解轻重缓急，增强个体成就感，当看到一天完成的事项很多时，满足感会提升，就更有可能坚持下去。在制作时间计划表时应注意以下几点：第一，目标要明确，并放在目之所及的地方。第二，要有优先次序，具体细致。第三，在项目旁注上日期与时间。第四，设定合理的最后期限。第五，要留有余地，应付突发事件。第六，适时的检查和评估。第七，完成的项目及时划去。每晚在熄灯前制定好第二天的工作计划表，计划表应简单明了，并且要定期检查，最好早上起床后第一件事就是去查看计划表，这样就不会

“忘记”要做的事了。特别要注意的是，在计划制定中，设定合理的截止期限非常重要。

任何计划设定合理的最后期限都非常重要，否则很有可能造成拖延。苹果公司开发 MacOS8 操作系统时，本来计划两年内完成，但每次认为还差半年就可以完成时，总有人发现新问题，以至于这个项目看上去永远都是半年以后的事情，结果，苹果公司花了十年时间才真正完成该系统的开发。在微软，Windows2000 操作系统的研发起初拖了两年多，直到微软请布莱恩·瓦伦汀（Brian Valentine）来拯救项目为止。布莱恩·瓦伦汀一上任就制定了一个合理的最后期限，根据这个期限，Windows 2000 的开发团队砍掉了将近一半的功能特性（包括比尔·盖茨最在乎的结合 Windows 95 和 Windows NT 的源代码计划），然而产品却及时推出了。因此，完成一项艰难任务的正确打开方式是：从最终期限往前推—分解目标到每一天—每周一小节确保跟上时间进度—最终完成任务。

（三）事有轻重缓急之分

时间管理中最核心的原则就是“要事优先”。到底哪些应该优先处理，哪些可以拖后，哪些甚至不予处理呢？著名管理学家柯维把工作按照重要和紧急两个不同的维度分为四个象限，把有限的时间集中在最重要的事情上，切忌每样都抓，平均分配时间，见图 5-2。

重要↓不重要 / 紧急→不紧急	紧急	不紧急
重要	A 重要 紧迫	B 重要 不紧迫
不重要	C 紧迫 不重要	D 不紧迫 不重要

图 5-2 四象限示意图

重要性是针对进行时间管理的人而言，对重要性的判断和一个人的价值观有很大关系，同样一件事，不同人的判断标准可能不一样。而紧急性是就事情本身而言，这件事如果不马上处理，会影响结果的质量。例如，开会的时间马上到了，如果你再不出发，可能会迟到。

第一象限（A）：重要又紧迫的事。这类事情具有时间的紧迫性和影响的重大性，无法回避也不能拖延，必须优先解决，马上做。一般来说第一象限的事件并不会经常出现，往往很多重要的事都是因为一拖再拖或事前准备不足，而变成迫在眉睫。如果一个人总是在处理这类事情，他的压力就会比较大，会因总在处理危机而精疲力竭。

第二象限（B）：重要但不紧迫的事。即那些你非做不可，并能带给你高回报和巨大满足感的事情。这类事件不具有时间上的紧迫性，但对于个人或者企业的存在和发展以及周围环境的建立维护，都具有重大的意义。这个领域的事情不会对我们造成催促力量，所以需要主动去做，当我们做好事先的规划、准备与预防措施，很多急事将无从产生。所以，要把80%的精力投入该象限，使第一象限的“急”事无限变少，不再瞎“忙”。

第三象限（C）：紧迫但不重要的事。这类事物尽量少做。这些事情很紧急但并不重要，像无谓的电话、附和别人期望的事、不速之客、打麻将三缺一等。这些不重要的事件往往因为它紧急，就会占据人们很多宝贵时间。因此，对这类事情要学会说“不”。

第四象限（D）：不紧迫也不重要的事。这类事物尽量不做。如刷手机、打游戏、追剧等，这些事通常最耗时间，因此，要尽量放弃，如果要做，就严格限定时间，时间一到就立刻停止。

时间矩阵理论的总原则是先做第一、第二象限任务，少做第三象限任务，不做第四象限任务。其中第一象限任务尽量节制，所占时间最好低于50%，重点放在第二象限任务上，逐步舍弃第三、第四象限任务，把节省出来的时间投入第二象限，渐渐你会发现做事情越来越事半功倍。

每个人都有许多“紧急事”和“重要事”，要学会分辨：真的重要还是显得重要，真的紧急还是显得紧急。要学着把“必须做的事”和“尽量做的事”分开，必须做的事要做到最好，但尽量做的事尽力而为即可。此外，因为人的惯性是先处理紧急的事而不是重要的事，所以会不自觉地将紧急的事情放在第一位。然而，当我们过多地或被迫处理紧急之事时，那些重要且紧急的事正是因为在它们不紧急时没有做，而从“重要不紧急”变成了“重要且紧急”。这就使我们陷入“救火队员”的模式之中，永远处于处理紧急事件的情况中，从而无法体会到游刃有余的境界。要想不成为时间的奴隶，就要学会把重要的事放在第一位，这就是时间管理的办法。

在樊登读书会发展初期，由于产品固有的缺陷，每天都会收到用户的各种抱怨。是及时处理客户问题还是优先解决发展问题？如果把工作重心放在处理客户问题上，那么整个团队就会因围绕“打补丁”而焦头烂额，失去发展的关键期，对于刚刚成立的公司而言，快速发展才是第一要务，集中精力开发二维码、拓展会员，才能为企业的长远发展提供保障。因此，樊登对所有成员说:“目前最核心的工作就是用户推广的二维码系统，先把别的工作放在一边，集中精力先把二维码系统做出来。”这个决断让读书会在那时收到了很多用户的差评，反馈的问题都没有得到及时解决。然而，当读书会推出二维码系统后，便调整了主攻方向，开始为赢得用户口碑，不断完善产品。在每个发展阶段，樊登读书会都是围绕关键要务，集中精力加以解决，成立4年，吸引会员600万，市值50亿。所以，要想成为对团队和全体成员未来负责的领导者，你需要学会在纷杂的任务中，找到哪一件才是当下必须全力以赴的关键要务。

（四）巧用个人生物钟

每个人都有自己的工作节奏，长时间处于忙碌紧张中，大脑得不到有效的休息，反而处事能力会下降。在时间管理中，需要学会运用“二八定律”，即让20%的投入产生80%的效益。把握一天中20%的黄金时间（对有些人来说是早晨，对另一些人来说是下午或夜里），将它们用于最为关键、重要的思考、学习和工作中。黄金时间做黄金事。一个人如果能在了解自己每天的最佳工作、学习效率时间段后，将每天最重要的任务放在自己效率最高的时段来完成，就会事半功倍，大大节约时间，提高时效。当你在工作状态时，就多干点，不在状态时就好好休息。了解自己，将最重要的任务放在你效率最高的时段来完成，将是节约时间、提高效率的良好方法。

（五）善用碎片时间

时间效率专家阿列斯·伯雷说：“一天的时间就像大旅行箱一样，只要知道装东西的方法，就可以装两倍之多的物品。开始不要把东西扔到箱子的正中间，而是不留缝隙地往四个角和箱子的边缘填充，最后再向旅行箱的中间填。如果毫不浪费地使用了四个犄角旮旯的时间，你就可以把一天的时间当作两天用了。”每天的时间不可能安排得满满当当，其中总会有一些空闲的时间碎片。无论是等车的时间、排队的时间、课间还是等电话的时间，都不要轻易浪费，找出“隐藏”时间。拿破仑·希尔 11 岁时就养成了身上随时带一本书的习惯。这样，即使遇上交通阻塞，他也不会浪费时间。正如亨利·福特所说：“大多数人是在别人浪费掉的时间里取得成就的。”每天如果能挤出 20 分钟，一年就有 7300 分钟的多余时间。

> 注意研究你精力最充沛、脑子最清楚的时段，在此时段做最有价值的事；
>
> 注意研究你注意力集中的时间有多长，在此时间内解决问题；
>
> 该休息的时候一定要休息，在你感到疲倦之前就休息，你每天清醒的时间，就多增加了 1 小时。

（六）提升专注力

时间能否被高效利用和一个人的专注能力密不可分，然而，我们生活在一个信息爆炸的时代，每天接收的信息远远超出了我们自身的应付能力，特别是互联网导致的信息窒息，大大削弱了大脑进行分析和决策的能力，让我们很难从海量的信息中找到合适的信息。我们获取高质量信息的成本越来越高，浪费的时间越来越多，心态也越来越浮躁，注意力非常容易被分散，因应对电子邮件的过载、通信软件的干扰、人为的中断而疲惫不堪。所以，要应对网络分心，你需要在工作时段远离不必要的电子产品，设定时限，一次只做一件事来避免分心；要应对人为的不断打扰，则需要学会设定时段，学会说“不”。

潘正磊，微软全球开发平台事业部副总裁，大学毕业后就加入微软，是晋升最快的经理之一。她曾讲自己刚进入微软时学习“保护时间”的故事：“我刚加入微软时，职位是软件开发工程师。我所在的小组开发的产品成长很快，几个月内就生成了三个版本，每个版本又需要支持六种语言。这18个组合的要求都略有不同，而且我还需要和很多其他不同的组打交道。每天，我办公室里总是人来人往，每个人都带来不同的问题。他们一来，我总是停下我正在做的事，先解决他们的问题。我每天忙得不可开交，却做得十分不开心。我觉得每天工作时间很长，却没有学到更多的知识，也没有提高。在与我的老板沟通后，我清楚地意识到我的时间是最宝贵的，我需要提高效率。在老板的指导和支持下，我先设置了‘回答问题时间’，其他人只有这时才能来找我，其余时间我则可以专心编程。这样一来，我就拥有整块时间来有计划地完成我想做和需要做的事。另外，我们设立了一个目标，就是要让其他组能自力更生，不能事事都来找我们。经过一段时间‘授人以渔’的训练，我终于能够腾出时间去学习新的技术和管理经验了。”

节省时间的小技巧

对目标、任务、会议等事件分别按优先级进行排序，从优先级最高的事物着手。

和拖延做斗争，如果事情重要，从现在开始做。

把大的、艰难的任务细分成小的、容易的。

为自己创造一小时的宁静，高效完成那些重要的任务。

当你有重要的事情要处理时，学会对别人说“不”。

学会委派别人做事。

归纳相似的事情，把它们放在一起处理。

减少例行事务，缩短低价值的事件，抛开没有价值工作。

避免完美主义，记住二八定律。

避免做出过多许诺，对你在有限时间内能完成的工作保持现实态度。

不要把时间表排得满满的，为自己留下一定的机动时间应付突发事件。

设置时间限制。例如，做某些决定时，不应超过3分钟。

处理重要事情时，使用大块的时间。

迅速处理困难的事情，等待和拖延有时候只会使它们变得更难处理。

在行动之前，想清楚整件工作。

争取一次做好。

整理好你的办公桌，不要让它杂乱无章。

第五节　善于沟通协调

领导者的重点工作就是交涉或者协调，因此，这种说服的力量就成为该干部优秀与否的决定因素。

——畠山芳雄

一、沟通及沟通的重要元素

沟通，从字面上理解是指“通一条沟”的目的，使隔着堤岸达到相互融通的目的。人与人之间的沟通也是如此，在人们相互不熟悉、不了解的情况下，通过建立良好的沟通关系，双方会有更多的了解和交流。沟通协调是领导者面临的最日常也最频繁的事务。

领导过程中的沟通是人与人之间传达思想、转移信息的过程，是双方互相了解的过程，也是一个人获得或影响他人思想、感情、见解、价值观的一种途径，是人与人之间交往的一座桥梁，通过这座桥梁，人们可以分享彼此的感情和知识，消除误会、增进了解。领导力方面的沟通则更多是指企业中领导者与他人相互了解和交流的过程。有时人们用交流、交往、信息传达等术语来表达沟通。

在企业中，沟通显著依赖于信息存在，而且信息要在领导者与他人之间进行传递。无论这种信息是情感信息或是知识信息、技术信息，只要沟通渠道不畅，便会阻碍信息的传递，也就无法形成真正的沟通，领导力更无从提及。

信息沟通的程序一般包括六个步骤：①确立概念。确立概念是指沟通者要清楚地意识到自己要传递的信息，如果把未经证实的道听途说的信息传递出去，肯定不会产生良好的效果。②编码。概念确立后，沟通者要把自己传递的信息概念转变成适当的传递符号，例如言语、文字、图片、模型、身体语言等。在这一过程中，沟通者选定信息传递的方式、确定信息传递的符号。③传递。传递信息应选择适当的方式和场合，沟通者在传递信息时要力争保持沟通渠道畅通无阻，尽可能没有干扰和障碍。只有这样，他所发出的信息才可能引起接收者的注意，被他们所接收。④接收。传递的信息被接收者收到的过程为接收，如果沟通者传递的信息没人接收，信息也就丢失了。⑤译码。接收到的信息并不一定都理解，对理解不了的信息一定要译码，也就是对信息含义的真正理解。⑥应用/反馈。对接收到并已理解的信息加以应用，即接收者应根据信息有所行动或有所反应，但应注意信息的应用效果不佳可能有两个原因：一是接收者没能正确理解信息；二是接收者不愿意执行这种信息的要求。

那么，在信息沟通中，影响其效果的主要元素都是什么呢？它们是：①信息传递方及信息接收方，即信息沟通双方。他们各自的角色或身份会影响沟通效果。②信息本身。无论信息本身是简单的还是复杂的，都要求其达到准确、清晰的标准。③传递模式。在信息传递方及接收方之间传递信息是直接还是间接、单向还是双向？一般而言，有反馈的沟通效果相对较好。④传递手段。信息沟通是信息传递双方面对面进行，还是需要利用媒介？相对而言，综合利用沟通媒介可以产生更好的效果。⑤传递过程。信息沟通是否顺畅与过程的每个环节都息息相关。在这个过程中，信息如果可以保持清晰，则很大程度上保证了信息沟通的效果；但如果信息被模糊甚至被扭曲，则信息沟通必然是失败的。⑥传递效果。合理编制信息，注意倾听和反馈，换位思考，才能达到好的沟通效果。见图 5-3。

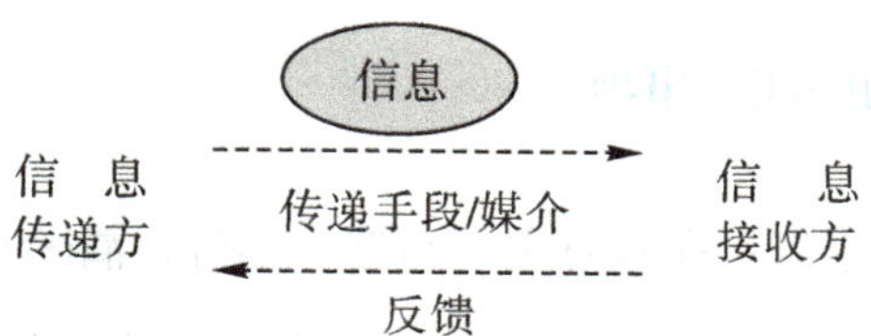

图 5-3　信息沟通中的要素

> 影响信息沟通效果的重要元素有六个，即信息传递方及接收方、信息本身、传递模式、传递手段、传递过程和传递效果。

翻译失误是最常见的造成信息沟通效果极差的例子。当信息传递方与信息接收方语言系统不一致时，作为传递信息的重要媒介，翻译员在信息沟通中的作用就显得尤为重要。精准的翻译可以瞬间拉进双方的关系，而错误的翻译会传递出错误的信息或者导致信息无法传递出去，都可能使沟通变成一场无法挽回的灾难。

1980 年，18 岁的威利·拉米雷斯在昏迷状态下住进佛罗里达的一家医院。他的朋友和家人想把他的情况反映给护理人员和医生，但他们只会说西班牙语。一名会双语的员工提供了翻译服务，但是将拉米雷斯朋友和家人口中的“迷醉(intoxicado)”一词翻译成了“喝醉”。其实，通过表示“毒”的词根“tox”就能判断出这里的“迷醉(intoxicado)”更倾向于是一种“中毒”症状，并没有“喝醉”所含的使用药物或酒精的含义。加之拉米雷斯的家人坚持觉得他的昏迷是由食物中毒引起的。于是，医生把拉米雷斯当时的状况当作了蓄意药物过量来处理，因为药物过量也可能会引发同样的症状。但遗憾的是，事实上，拉米雷斯的昏迷症状是由脑内出血所引起的。

错误的翻译致使拉米雷斯错失了最佳治疗时间，最终造成他四肢瘫痪。医院方面也支付了 7100 万美元作为治疗失当的赔偿。

二、沟通协调的注意事项

沟通的内容在于信息在双方之间有序、准确、清晰、有效地传递。沟通的核心在于与信息相关的人和事物之间的协调一致，在促进理解的基础上实现领导者的目标。在沟通协调的过程中，需要注意以下七个方面。

（1）平等、尊重而温和的态度。“态度决定一切”。领导者在与对方进行沟通时，无论是信息传递方还是接收方，都应保持尊重而温和的态度，让对方感觉到在平等的地位上接收或者传递信息。只有这样，才能在一定程度上保证沟通协调的另一方冷静而快速地将信息接收过去或传递过来。此外，这种态度的释放还有赖于语气、肢体动作的配合。总之，平等、尊重而温和的态度是打开对方心房的敲门砖。

（2）耐心倾听。领导者在进行沟通协调时，最重要的事情之一就是注意力必须集中。记住对方的核心信息，让对方知道你对他的问题感兴趣，随时向对方反馈你的想法和感受，但不要轻易下结论……这些都是耐心倾听的表现。

（3）向对方提供清晰、准确的信息，而不是含糊其词、模棱两可的信息。信息本身就是影响沟通协调效果的重要元素之一，是信息沟通的核心内容。信息传递方及接收方之间是凭借共享的信息才联系于一体的，若信息失真，信息沟通则无效。

（4）注意目光交流、肢体接触等非语言方式所产生的效果。信息的传递与接收可通过多种模式、多种手段予以进行，语言的输入与输出是其中的一种，而非语言沟通也是极为重要，甚至使用更为广泛的沟通方式。很多情况下，一个眼神胜过千言万语，一次拍肩优于口头鼓励。青年领导者精力充沛、活力十足，行动力普遍高于语言力，那么则可以通过非语言方式感染沟通协调的另一方。

（5）就事论事。领导者需要与沟通协调的另一方就事情本身性质和现象进行探讨，而不加入个人感情色彩，不先入为主，也不能轻易下结论。

（6）开诚布公的态度。在沟通协调中，双方需要坦白地、随时地表达自己的真实感受，才以保证沟通协调结果。领导者需进行必要的肯定和鼓励，并可以不断调整协调意见、推进双方达成一致；避免一味地批评或指责，防止挫伤积极性。

（7）避免不反馈。领导者需要明白，在现实生活中，多数情况下的结果达成，仅靠单次的沟通协调是无法实现的，往往需要多次往返的沟通与协调。这就要求信息双方在沟通协调中懂得及时反馈，只有通过双方意见的不断反馈，才能使结果趋于一致。

一提到微软公司，第一个跳入我们脑海的会是比尔·盖茨。其实，微软的诞生也离不开另一个联合创始人和发明家保罗·艾伦（Paul Allen）。保罗·艾伦被他当年的合作者比尔·盖茨评价："没有他就没有个人电脑（Personal Computer）！"

保罗·艾伦和比尔·盖茨曾经是最亲密的朋友。据艾伦回忆，他们两个人互补所长：自己是一个梦想家，充满了想象力；而盖茨则是一个有着冷静头脑的实干家。他们合伙创建了微软公司。自中学时代相遇之后，热爱计算机的两人惺惺相惜，一起编程，一起梦想要在价格低廉的计算机上安装软件，并成立一家属于自己的公司，以迎接信息时代的到来。1975 年，被艾伦说服的盖茨决定从哈佛辍学，两人一起搬到新墨西哥州，在阿尔伯克基市创建了微软公司。盖茨成为这家公司的总裁，而艾伦则成为它的首席技术官。两人喊出了微软最著名的口号："让每张办公桌，每个家庭都拥有计算机。"

与盖茨相比，艾伦是个计算机软件技术极客；与艾伦相比，盖茨还是一个非常精明的商人、企业家。和盖茨这样的老板工作是不容易的，艾伦有一次面对面地告诉盖茨："比尔，有些时候，和你一起工作简直像在地狱里一样！”盖茨自己是一个工作狂，也苛求他的下属工作到他们的极限，而且在讨论中从来不肯让步，极难被说服。

由于管理理念不同，利益分配不均，更重要的是，因为艾伦与盖茨之间缺乏有效的沟通协调，两人之间的裂痕越来越大。导火索是一场与股权相关的罗生门事件。艾伦在自传中提到，他在 1982 年无意间听到了盖茨与鲍尔默（微软前 CEO，彼时任微软商业经理）将减少自己股份的计划，“他们抱怨我最新的产出不足，并讨论如何通过他们自己和其他股东发行期权来稀释我持有的微软股份”。但盖茨却未承认这点，并在当时给艾伦写了一封亲笔信：“在过去 14 年里，尽管我们有很多意见相左的时候，但是我相信，其他公司的合伙人很少像我们这样默契。……你真的打算去做一个独行客吗？”

这场罗生门至今仍是个谜。艾伦此前已经确诊患上了霍奇金淋巴瘤。于是在 1983 年以养病为由，辞去在微软的职务。曾经亲密无间的两位伙伴，终于分道扬镳。

当时的盖茨与艾伦都不懂如何进行有效的沟通与协调。在面对有分歧的意见和冲突的利益时，盖茨选择强势争胜，艾伦选择回避忍让，两人都没有正式开诚布公地进行沟通、没有在沟通中尝试达成一致性意见，使得双方的矛盾积累越来越多，最终压垮了彼此之间的信任与依赖。随着时间的推移，两人个性的成熟及生活历练的加深，促使这两位昔日的战友加强了沟通协调，并最终重修旧好。

认识到沟通协商的重要性、学会有效的沟通协商，是化解很多累积而成的矛盾的关键所在。

三、两种日常沟通方式

(一)协商四步法

“人遇见与自己想法不一致的人时会怎么表现?”面对矛盾冲突时，人最容易产生三种反应方式：①争胜型。在发生矛盾时，一定要争出高下，让对方服气，例如上述案例中早期的比尔·盖茨。②忍让型。发生冲突时，不敢坚持己见，宁愿委屈自己，也不愿表达出自己真实的心迹，例如上述案例中早期的保罗·艾伦。③退缩型。一遇矛盾冲突就闭口不语，惧怕争吵、回避躲藏，完全不敢拥有自己的想法和意见。当然，面对矛盾冲突还有一种相对更好的沟通协调方法——协商型，即善于表达与沟通，争取双赢。相对于其他三种类型，协商型既没有一味地逃避问题、忍受退让，也没有咄咄逼人、锋芒毕露，而是通过有效途径传递自己的想法，并给对方思考的时间，最终在最大的可能上达成一致。

领导者在进行协商沟通时需注意：①坚守目标与底线的同时不要固执，要在达成途径上权宜变通。②协商的目的是为了达成一致，而非为争辩而争辩。③在协商时，需要懂得及时调整自己的情绪，当协商面临困境时，不要一味勉强自己，可以选择另寻时间进行再次协商。坚守这些协商的原则很重要，它们为协商的达成奠定了理论基础，但仅有理论还不足以帮助领导者与人进行协商沟通，在技术层面上的方法，亦很重要。这个方法就是协商四步法。

协商四步法是指领导者在进行协商沟通时，通过四个前后依次联系的步骤，清晰亮明自己意见的同时，最大限度地让对方接受自己的意见和建议。这四个步骤分别是：①客观描述。②表达感受。③指出期望。④指出结果。

我们以大学生日常生活中经常会遇到的矛盾冲突——宿舍卫生打扫为

例，来解释协商四步法在协商沟通时是如何应用于实践的。

（1）客观描述。是指在协商沟通时，首先需要将对方与你有冲突的行为予以客观描述。“客观”指的是可以运用具体的形容词，指明事情发生的时间、地点、频率，并且你的描述只围绕着这个冲突行为本身进行。例如：“你最近这一个星期吃完饭，都把外卖盒留在桌子上不扔，结果越积越多，宿舍都有些串味儿了。”

在这个步骤中，尤其忌讳的是不能使用抽象的形容词来（过分）描述个人的感受，将冲突行为泛化为“常常”“经常”，并且猜测对方的背后动机。例如：“你吃完饭从来就不把外卖盒扔掉，就知道搁在那里！等着我们帮你收拾吗？！你是想熏死我们啊！”

（2）表达感受。指的是你将自己对冲突行为的真实感受表达出来。这种表达感受基于你自己保持冷静及正面的态度，并且你的表达只集中在该行为本身。例如：“我非常担心，怕饭盒越积越多，影响宿舍观感不说，味道越来越大，会影响你和我们大家的身体健康，而且要是把‘小强’或者老鼠引来宿舍就更麻烦了。”

在该步骤中，切忌回避自己的真实感受，让情绪不受控地宣泄并且以负面的态度表达出来，甚至你的批评上升到对方整个人格。例如：“你真的是脏得不可救药了！我真倒霉，怎么碰上你这样一个舍友！真的烦死了！”

（3）指出期望。协商沟通的目的是你希望对方按照你期待的进行改变，那么在协商四步法的第三步中，你就需要明确指出你所期望的改变。需要注意的是，每次只提出一至两项的改变，并且应考虑改变的可行性。例如：“我希望你每天吃完饭以后把外卖盒扔到水房垃圾箱里，或者哪怕扔到宿舍垃圾篓里，到时候我会提醒你出门捎走的。”

此时切忌只是抽象地指出自己所期望的改变，或者一次提出太多改变的要求，且没考虑改变的可行性。例如：“你以后就别在宿舍吃外卖了！”或者

“你以后就别吃外卖了！”

（4）指出结果。需要明确地指出因你期望所带来的转变后可能带来的结果，这个结果是正面的、双向的、切合实际的。如果需要引入惩罚，也必须是合理的。例如：“如果你能每次都把外卖盒扔掉，我们宿舍绝对会显得更加美观，空气变得更好，大家待着也舒服。你继续在咱们宿舍吃你的外卖，没人干扰你。可是如果你不能保证每次都把外卖盒扔掉，那我们几个人会想尽办法不让你安安生生地在宿舍吃饭。”

在最后一个步骤中，忌讳只抽象地指出结果，特别是当这个结果只有自己一方受益，或者你做出过分夸张的惩罚或恐吓。例如：“你再不把外卖盒扔掉的话，看我怎么整治你，不信咱们走着瞧！”

（二）优势视角沟通法

部门交流会的现场已经布置好了，负责此事的刘经理匆匆赶到。看了看现场，说：“小张，我刚忘了问你，与会人员的胸牌准备好了吗？”

“准备好啦。”

“在哪儿？”

“在这儿。”

“为什么没放在登记处？还有，主座位上的杯子怎么还没放好？”

小张愕然，露出一脸的不高兴，做事的动作也慢了下来……

这是一个日常生活中经常遇到的例子，我们有可能饱受“盘剥”之苦。这样常见的沟通方法，其实是以问题为主线的沟通法。以问题为主线的沟通方法是指在沟通中只关注并指出目前事实存在的问题，并试图将问题的责任赋予对方。但这样的沟通法，虽然表面上是在解决问题，但实际上却对问题的解决毫无用处，或者可能导致沟通协调时对方会以消极的态度去解决现有问题。

而优势视角沟通法的思路正好与其相反，它通过用积极的心态和方法与人沟通，是一种关注人的内在力量和优势资源的视角。它意味着领导者应当把人们及其环境中的优势和资源作为工作、活动过程中所关注的焦点，而非关注其问题和病理。见表5-6。

表5-6　两种沟通法之间的对比

	问题主线	优势主线
思考和解决问题的方法	找出问题 分析原因（找责任）	珍视目前的优点/优势 设想可行的光明前景 对话/讨论出可行的方法
在生活、工作中的表现	你还是做得不好 还是有欠缺 做得不错，但…… 响鼓还要重锤敲	你今天做得真好，我从你这学到新东西 我记得我们上次做得很好，我们是怎么做的 谁在这方面做得最好？他成功的经验是什么
通常会引起的后果	反正我总是不好 问题都是我的 责任都推给我了，我得把它推出去……让我想想，是谁和我一起做的这事 再别多事了，事不关己高高挂起	我挺好的，帮助了别人 我挺高兴，我的建议被采纳 我从来没这样被赞赏，我也要这样对待别人 其实我的成绩也有别人的一份；我知道了成功的经验，下次我会更上一层楼

第六节　有效激励他人

> 假如你能用行动激发他人梦想得更多，学习得更多，做更多事或者成为更伟大的人，你就是一个领导者。
>
> ——约翰·昆西·亚当斯

人们为什么有热情去做某件事？因为这件事有意义？因为做这件事会自我满足？因为我感兴趣？因为我喜欢？因为我可以从中学到东西？因为通过做这件事我能结交许多朋友？因为可以帮助我实现某个目标？……每个人可能都会有自己的理由。那么，对于领导者而言，就要想办法激发对方做这件事的热情，核心就是，让对方明白，为自己做事可以帮助他满足自己某方面的需求。

一、激励的内涵

什么是激励？简言之，激励就是激发和鼓励，就是能激起一个人为完成某项任务的热情和毅力的一种内部或外部的力量。让我们来先看一个简单的激励模型，见图 5-4。

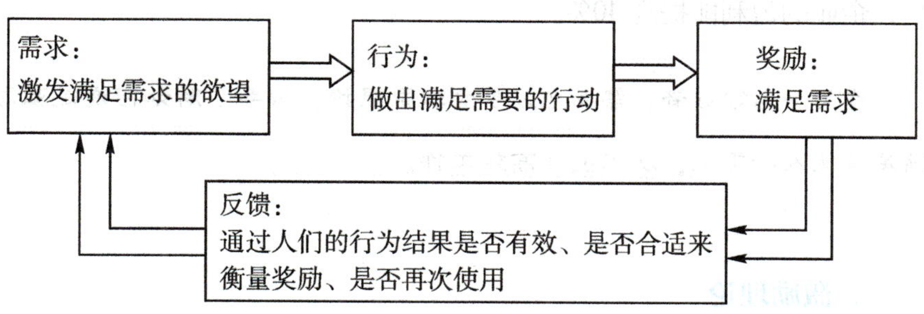

图 5-4　激励模型

从这个简单的激励模型图我们可以看出，一个人有某些需求（食物、金钱、友谊、认同感、成就感……）的时候，这些需求就转化为一种内在的力量来激发这个人做出满足他需求的一些行为。他的这个行为有多大的成功，他的需求就有同样份额的满足，也就是说，这个人此次行为有多大的成功，他就获得了多大的奖励。这个获得的奖励成为这个人行为的反馈，“通知”这个人他的这次行为是不是成功的，还能不能继续进行。如果是成功的，那么他下次还会以同样或者类似的方式继续做出相应的行为；如果不成功，这个人要么会改变自己的行为方式，要么会开始选择回避自己的需求。

以大学生为例。某位同学特别想英语六级得到高分，这就形成了他的需求。他的这个需求产生了什么行为呢？就是全心备考、悉心安排复习时间。然后，这位同学去考试了，并成功获得高分，满足了他最初的需求。这种需求的满足感及其带来的成就感，就是对他之前行为的一种奖励。他会得到一种反馈：不劳不获。下次考研还这样做！

当然，这是一个简单的自给自足、自我激励的例子。但是，在现实的工作和生活中，不是每一件事情都像一次考试这么简单，对一个领导者而言，更需要懂得激励为什么重要。

激励的重要性就在一个词——“高效”（high efficency）。盖洛普公司（Gallup）调查显示，当企业员工被充分激励时，企业顾客的忠诚度提高70%，企业的盈利能提高40%。

> 作为一名领导者，需要充分学会激励理论，需要了解如何通过激励来满足其他人的需求，从而使其高效工作。

二、激励理论

（一）马斯洛的需要层次论（Maslow's Hierarchy of Needs）

美国心理学家亚伯拉罕·马斯洛1943年在《人类激励理论》中将人类需求像阶梯一样从低到高按层次分为五种，分别是：生理需要、安全需要、社交需要、尊重需要和自我实现需要。其中，生理需要，包括人对水、空气、呼吸、睡眠和最低工资等的需要；安全需要，包括对人身安全、健康保障、资源所有性、家庭安全，以及对工作保障的需要；社交需要，包括对友情、爱情、团队感，以及对工作中的上下级、同事、客户的需要；尊重需要，包括对自我尊重、信心、对他人尊重、被他人尊重，以及对企业认同、企业中的身份、与日俱增的责任的需要；自我实现需要，包括对道德、创造力、自觉性、问题解决能力、接受现实能力，以及对晋升、自治、发展、创新机会的需要。

马斯洛认为，五种需要像阶梯一样从低到高，按层次逐级递升，但这样的次序不是完全固定的，可以变化。在现实工作生活中，五种需要经常交织在一起、互相产生影响。一般来说，某一层次的需要相对满足了，就会向高一层次发展，追求更高一层次的需要就成为驱使行为的动力。相应的，获得基本满足的需要就不再是一股激励力量。这五种需要可以分为两级，其中生理需要、安全需要和社交需要都属于低一级的需要，这些需要通过外部条件就可以满足；而尊重需要和自我实现需要是高级需要，它们是通过内部因素才能满足的，而且一个人对尊重和自我实现的需要是无止境的。同一时期，一个人可能有几种需要，但每一时期总有一种需要占支配地位，对行为起决定作用。任何一种需要都不会因为更高层次需要的发展而消失。各层次的需要相互依赖和重叠，高层次的需要发展后，低层次的需要仍然存在，只是对行为影响的程度大大减小。

按照马斯洛的观点，如果领导者希望激励某人，就必须了解此人目前所处的需要层次，然后着重满足这一层次或在此层次之上的需要。比如一个饥肠辘辘的人，他更渴望你给他几个馒头或面包，而不是你赞赏他如何英俊潇洒或出类拔萃。

（二）双因素理论（Two-Factor Theory）

双因素理论又称激励保健理论（Motivator-Hygiene Theory），是由美国的行为科学家弗雷德里克·赫茨伯格（Frederick Herzberg）所提出的。

双因素理论认为引起人们工作动机的因素主要有两个：一是保健因素，指能使员工不满意的因素；二是激励因素，指能使员工感到满意的因素。

只有激励因素才能够给人们带来满意感，而保健因素不能给人们带来满意感。对于领导者而言，既需要重视激励因素的作用，也不能忽视保健因素所带来的影响。

(三) 获得需求理论(Acquired Needs Theory)

获得需求理论往往也被称之为学习需求理论（Learned Needs Theory）或者三需求理论（Three Needs Theory），在20世纪50年代初，由美国心理学家大卫·麦克利兰（David McClelland）所提出。该理论认为人的需求并非天生存在，而是在后天的学习和生活中逐渐获得。这些后天所获得的需求主要有三种类型：①成就需求（need for achievement），指渴望完成一些困难工作、事情，或获得一种高层次的成功，或掌握某种复杂的工艺，或超越别人。②依附需求（need for affiliation），指渴望建立一种亲密友好的人际关系，或避免冲突，或建立醇厚的友谊。③权力需求（need for power），指渴望能影响或控制他人，能对他人负责。

麦克利兰经过20多年的研究，发现有较强成就需求的人有成为创业者和创新者的倾向；有较强依附需求的人一般会成为很好的整合者；有较强权力需求的人往往处于企业层级结构的顶端。领导者可以针对不同需求倾向的人给予其不同的激励措施。

(四) 期望理论(Expectancy Theory)

1964年，美国心理学家弗鲁姆（Victor Vroom）在他的《工作和激励》一书中，提出了著名的期望理论。期望理论以三个因素反映需要与目标之间的关系。他认为要激励员工，就必须让员工明确：①工作能提供给他们真正需要的东西。②他们欲求的东西是和他们自己的工作绩效联系在一起的。③只要努力工作就能提高他们的绩效。

这种需要与目标之间的关系用公式表示为激励力（motivation）取决于行动结果的价值评价，即效价（valence）及其所对应的期望值（expectancy）的总的乘积：

激励力（工作动力）＝效价（工作态度）×期望值（工作信心）

用公式表示就是：$M = \sum V \times E$

1. 效价（V）

效价，指达到目标对于满足他个人需要的价值，反映的是一个人对工作的态度。同一目标，由于各个人所处的环境不同、需求不同，其需要的目标价值也就不同。同一个目标对每一个人可能有三种效价：正、零、负。如果个人喜欢其可得的结果，则为正效价；如果个人漠视其结果，则为零值；如果不喜欢其可得的结果，则为负效价。效价越高，激励的作用，即激励力就越大。也就是说，有人认为有价值的事物，对另外一个人而言可能全无价值。

例如，1000 元奖金对生活困难者可能很有价值，而对百万富翁来说意义不大。一个希望通过努力工作得到升迁机会的人，在他心中，“升迁”的效价就很高；如果对升迁漠不关心，毫无要求，那么升迁对他来说效价就等于零；如果这个人对升迁不仅毫无要求，而且害怕升迁，那么，升迁对他来说，效价就是负值。

2. 期望值（E）

期望值，是人们判断自己达到某种目标或满足需要可能性的主观概率，反映的是一个人对完成工作的信心。目标价值大小直接反映人的需要动机强弱，期望概率反映人实现需要和动机的信心强弱。弗鲁姆认为，人总是渴求满足一定的需要并设法达到一定的目标。这个目标在尚未实现时，表现为一种期望。

目标的期望值怎样设定才算适合？管理学有个形象的比喻就是“摘苹果”——只有跳起来能摘到苹果时，人才会用力去跳去摘；倘若跳起来也摘不到苹果，人就不会用力去跳了；如果坐着也能摘到，无须去跳，便不会使人努力去做。由此可见，领导者给他人制定工作目标时一定要适度，要使这个目标让对方经过努力就能完成，甚至再努力就能超额，这样才有利于激励他人的积极性。如果目标设置得太高，会使他人失去完成的信心，他就不努力去做；设置得太低，他人就不会努力去做。

3. 效价和期望值的不同组合，决定着领导不同的激励力（M）

在实际生活中，每个目标的效价与期望常呈现负相关。难度大、成功率低的目标既有重大社会意义，又能满足个体的成就需要，具有高效价；而成功率很高的目标则会由于缺乏挑战性，做起来索然无味，从而导致总效价降低。因此，设计与选择适当的外在目标，使其既给人成功的希望，又使人感到值得为此而奋斗，就成了激励过程中的关键问题。

> 青年领导者学习激励理论的意义，不仅在于其可以帮助自己认清内心所需、了解自己，找到持久激励自己的着力点，也在于懂得如何与他人相处、激励他人以有效达成双方共同的目标。

三、激励的不同方式

（一）物质激励与精神激励

虽然二者的目标是一致的，但是它们的作用对象却是大不相同的。物质激励作用于人的生理方面，是对人物质需要的满足；精神激励作用于人的心理方面，是对人精神需要的满足。

随着人们物质生活水平的不断提高，人们对精神与情感的需求越来越迫切，精神激励所带来的价值越来越多。

（二）正激励与负激励

正激励，即当一个人的行为符合企业的需要时，领导者通过奖赏的方式来鼓励这种行为，以达到持续和发扬这种行为的目的。负激励，即当一个人的行为不符合企业的需要时，领导者通过制裁的方式来抑制这种行为，以达到减少或消除这种行为的目的。

正激励与负激励作为激励的两种不同类型，目的都是要对人的行为进行强化。不同之处在于二者的取向相反——正激励起正强化的作用，是对行为的肯定；负激励起负强化的作用，是对行为的否定。

（三）内激励与外激励

内激励，是指由内酬引发的、源自工作人员内心的激励。其中，内酬是指工作任务本身的刺激，即在工作进行过程中所获得的满足感，它与工作任务是同步的。外激励，是指由外酬引发的、与工作任务本身无直接关系的激励。其中，外酬是指工作任务完成之后或在工作场所以外所获得的满足感，它与工作任务不是同步的。如果一项又脏又累、谁都不愿干的工作有一个人干了，那可能是因为完成这项工作将会得到一定的外酬，如奖金或其他额外补贴，但是，一旦外酬消失，这种积极性可能就会烟消云散。

追求成长、锻炼自己、获得认可、自我实现、乐在其中等由内酬所引发的内激励，会产生一种持久性的作用。相对的，由外酬引发的外激励一般是难以持久的。

四、常见的激励方法

海底捞成立于1994年，是一家以经营川味火锅为主，融汇各地火锅特色于一体的民营企业。海底捞虽然是一家火锅店，但它的核心业务却不是餐饮，而是服务。在将员工的主观能动性发挥到极致的情况下，“海底捞特色”日益丰富。海底捞的员工激励措施与效果主要概括为以下几点。

1. 良好的晋升通道

海底捞为员工设计好在本企业的职业发展路径，并清晰地向他们表明该发展途径及待遇。每位员工入职前都会得到这样的承诺。“海底捞现有的管理人员全部是从服务员、传菜员等最基层的岗位做起的，公司会为每一位员工提供公平公正的发展空间，如果你诚实与勤奋，并且相信：用自己的双手可以改变命运。那么，海底捞将成就你的未来！”该措施满足了职工对自我实现的需要，激励了员工对更好未来的追求。

2. 独特的考核制度

海底捞对管理人员的考核非常严格，除了业务方面的内容之外，还有创新、员工激情、顾客满意度、后备干部的培养等，每项内容都必须达到规定的标准。

这几项不易评价的考核内容，海底捞都有自己衡量的标准。例如“员工激情”这一项，总部会不定期对各个分店进行检查，观察员工的注意力是不是放在客人的身上，观察员工的工作热情和服务效率。如果有员工没有达到要求，就要追究店长的责任。海底捞通过独特的考核制度，既规范了管理人员的管理行为，又使得管理人员可以通过不同的措施，激励员工的工作热情。

3. 尊重与关爱，创造和谐大家庭

海底捞的管理层都是从基层提拔上来的，他们都有切身的体会，都能了解下属的心理需求。这样，他们才能发自内心地关爱下属，并在员工工作与生活上给予支持和帮助，同时也得到员工的认可。

在海底捞，尊重与善待员工始终被放在首位。海底捞实行了“员工奖励计划”，给优秀员工配股。此外，海底捞的管理人员与员工都住在统一的员工宿舍，并且规定，必须给所有员工租住正式小区或公寓中的两或三居室，不能是地下室，所有房间配备空调、电视，电脑，宿舍有专门人员进行管理、保洁，员工的工作服、被罩等也统一清洗。若是某位员工生病，宿舍管理员会陪同他看病、照顾他的饮食起居。同时，海底捞的所有岗位，除了基本工资之外，都有浮动工资与奖金，作为对员工良好工作表现的奖励。考虑到绝大部分员工的家庭生活状况，公司有针对性地制定了许多细节上的待遇。在尊重与善待员工的问题上，海底捞还有不少“创意”。例如，将发给先进员工的奖金直接寄给他的父母。

在如此和谐的文化与工作氛围的激励下，员工们的工作热情日益高涨，提出很多建议。并且，只要是合理的，公司都会采纳。这些激励措施既满足了员工的基本需求同时也满足了他们的尊重需求与自我实现的需求，激发了员工的主人翁意识。

海底捞的成功服务是取胜的关键，但是如何做到将服务差异化战略成功灌输给所有员工，激励每一个员工共同努力才是真正至关重要的。要做到真正的让顾客满意，必须将标准化的流程、制度和服务员的判断力、创造力结合起来。员工的创造力不是管理出来的，而是通过一整套系统激励出来的。这些激励系统提升了员工的满意度，员工满意就会带来优质的服务，能提高顾客满意度及降低许多餐饮企业都很头痛的浪费和损耗等隐形成本。海底捞更多依靠的是对餐饮业服务员这种特殊工作的理解，而不是生搬硬套一些书本上的先进理论，在实际操作中，恰恰是其激励机制符合了海底捞自身的实际，满足了员工各个层次的需求，使员工最大程度地发挥了个人潜力，使得海底捞在激烈的市场竞争中站稳了脚跟，并得到稳步发展。

（一）物质/精神激励法

物质/精神激励法是指青年领导者通过物质的和/或精神的手段，以激发他人向目标奋发前进的积极性、主动性和创造性。物质激励方式和精神激励方式可以单独使用，也可以交叉使用，主要取决于被激励者对于物质需求和精神需求的需求程度。

（二）榜样示范法

领导者要通过自己本身的率先垂范和树立先进典型两种方式给他人以鼓舞和影响。首先，领导者要严格要求自己，认真工作，以良好的形象和崇高的精神在被领导者中产生极大的影响力、号召力和凝聚力。其次，领导者要善于及时发现和表彰成就卓著的先进人物，树立典型，使人们学有榜样、赶超目标。

（三）目标/任务激励法

目标激励或任务激励，是指利用人们内心渴望满足的条件诱发人的行为动机。这种目标可能对应于某一个层次的报酬、地位或荣誉等，因此，领导者在实施领导活动的过程中设置适当的目标，就能够起到有效的激励作用。根据期望理论，目标激励的关键在于目标的设置是否合理，而目标的合理性一般从三个方面考察，即价值性、挑战性和可能性。

（四）评判激励法

评判激励，是指合理有效运用评判（标准），对被激励者的行为加以品评。它能够激发被评价对象的内在动力，调动被评价对象的潜能。就像学生希望老师对自己的作业予以较高的评判一样，这种被认同的喜悦与满足是可以作为一种激励的内酬而持续存在的。

（五）逆反激励法

逆反激励法又被称作逆向激励法，顾名思义是指领导者通过向下属的心理施加反向的负刺激，来激发他们自尊心和荣誉感的方法。其通常做法是，领导者针对下属争强好胜的心理状态，有意识地直接或间接向下属表达诸如怀疑、否定之类的信息，适度刺激他们的自尊心，使他们从内心产生一种保持自尊的强烈意念，驱动他们用自己富有积极性和创造性的行动来否定外来的负面信息。

逆向激励法类似于通常所说的激将法。两者的相同之处都是用否定的言行去激发他人的自尊心和争强好胜心；不同之处是两者激发目的和对象不同。领导者使用逆向激励法的目的是为了激励，使下属产生一种奋发向上的力量；激将法则既可激励，也可激怒，而激怒下属是不会收到好的效果的。

（六）参与激励法

民主参与是人的本性的反映。领导者要善于了解群众的参与心理，而不能处处以自我为中心，需要注意让广大被激励者广泛参与和本企业、本部门、本单位决策相关的各项活动。

(七)竞争激励法

竞争激励法是指将优胜劣汰原则引进企业，运用各种巧妙的手段，积极鼓励下属进行良性竞争，使企业活动具有某种集体强化的自觉机制。竞争可以给人一种压力、一种紧张感，这种压力和紧张感能使人保持对工作的高度注意力，是工作维持在一定水平的综合心理作用基础。

(八)产权激励法

产权激励是对人力资本的首要激励，是最具激励效应的途径与方法。产权激励就是通过产权合约的形式将企业所有权卖给员工，是长期激励的一种有效形式。在实际执行过程中，针对经营层的激励手段主要有股票赠予、股票购买计划、期股激励和期权激励等；针对操作层的激励手段主要有员工持股计划、管理层收购等。在上述案例中，海底捞实施的给优秀员工配股的“员工奖励计划”使用的就是产权激励法。

在这个世界上，既不存在最完美的，也不存在最有用的激励方式与激励方法，只存在最适合被激励者自身需求的、最符合被激励者行为本身价值的激励。

第七节 懂得识人用人

一位最佳领导者，是一位知人善任者，而在下属甘心从事其职守时，领导要有自我约束力量，而不插手干涉他们。

——罗斯福

一、识人用人的重要性

领导者识人用人是衡量领导者能力高低的一项重要标准，它是指领导者科学合理地挖掘并使用企业人力资源中的人才资源，从而带领他们做到人事相宜、相得益彰。

三国时的官渡之战，对于曹操来说是一次真正确立霸主地位的战役，经此一战，袁绍拱手让出了北方霸权。本来，袁绍是完全有机会赢得这场战役的，那么曹操为什么能打败他呢？陈寿的《三国志》认为曹操取胜的重要原因之一就是他善于用人，或者说是善于激励人才。

曹操很早就预见到，要想在汉末乱世时代成就一番霸业，人才是关键，有了人才就有了最关键的资源，所以曹操曾连续三次颁布求贤令，提出了“唯才是举”的口号，这个举动几乎颠覆了当时人们的传统用人观。他知人善任，疑人不用，用人不疑。如作风正派、清正廉洁的崔琰和毛玠，曹操就让他们去主管选拔官员的工作，结果他们推荐上来的人都是德才兼备的。如做事任劳任怨的枣祗和任峻，曹操就让他们去管理屯田，结果屯田制得到了很好的贯彻执行。还有一位叫文聘的，原是刘琮的部下，赤壁之战前刘琮投降了曹操，当时他劝文聘一起投降，但文聘不肯，一直苦守着工作岗位，直到曹操南下过了汉水，文聘才去见曹操。曹操跟他开玩笑说：“你怎么来得这么晚呢？”他非常严肃地说：“我原来是跟随刘表报效国家的人，现在我没有做到这一点非常惭愧，因此我只想守住这个地方，做到既无愧于地下九泉的人（刘表），也无愧于他托给我的孤儿（刘琮），我是万般无奈才落到今天这个地步来见你的，哪有心思和脸面早早地来见你呢？”说完号啕大哭。曹操一听，肃然起敬，赞扬文聘是个忠臣，派他去做了江夏太守。文聘在江夏太守的任上一干就是几十年，由关内侯、亭侯、乡侯到县侯，爵位上去了，但他一直在做江夏太守，替曹操守住了这个咽喉要地，为曹操统一霸业立下了汗马功劳。

> 人才是一个企业最为核心的竞争力。作为一名领导者，必须要有伯乐的眼光，能够慧眼识珠；同时，领导者还应懂得知人善任、选贤任能的方法。

二、识人用人的方法

领导者要正确合理地识人用人，充分发挥人的聪明才智，就必须要讲究用人方法，做到人尽其才。领导者的善任是指在自己领导范围内对各类人才包括领导人才的科学选拔任用。领导者的善任不仅仅是领导者的重要职能，也是衡量领导者领导力高低的重要内容。对青年领导者来讲，识人用人的方法还体现在寻找志同道合的人来合作开创事业。

（一）知人善任，人尽其才

识别选择人才是领导用才的前提和基础。领导者选拔识别人才的过程中，要坚持全面的、历史的、发展的观点和方法，掌握识别人才的标准。

1. 识人选才的方法

（1）观察法。是指感性直观地识别人才。观察法可以分为直接观察法和间接观察法两种。直接观察法是通过与考察对象面对面接触，听其言、观其行，对人才进行观察和识别。这种方法具有直观性的特点，可以更快捷有效地识别人才。间接观察法是通过间接方式对考察对象进行考察，例如，查看对方档案、听取群众的反映等，它可以排除主观因素的干扰，更具有说服力。

（2）试用法。即在观察的基础上，通过短期试用来鉴别人才，如艰苦环境考验、挂职锻炼、代职试用等。这种识别人才的方法可以避免主观判断的错误，以便更全面地了解被识别对象的品格、意志和解决问题的能力。因此，领导者要给各种人才创造条件，使其能充分展示才能。

（3）荐举法。即采用自荐、企业推荐、专家推荐、群众推荐和上级领导审批相结合的方法选择人才。荐举法是广泛发掘人才、开发智能的好形式。领导者应倡导他荐，鼓励自荐。

（4）绩效考核法。是通过对考察对象的工作业绩做全面考核，来了解一个人的品德优劣和能力大小。

（5）信息网络法。是现代信息社会识别人才的方法。根据我国国情的差异性和非均衡性，建立人才信息网络，使人才在更大范围内流动，提高人才的利用率，使人才资源得到最优配置。

2. 适才适用，因人制宜

（1）用其所长。俗话说，尺有所短，寸有所长。用人的要诀首先在于用其所长，领导者应该认真分析每位成员的优点和缺点，分析他的长处和短处，尽可能将其放在最能发挥他的优势的岗位上。实践证明，一名优秀的县委书记未必能胜任一所大学的校长；一位德高望重的劳动模范也不一定是一个称职的领导者；一位成果卓著的科学家不一定能管好一个科研所。每个人都有其所长，有其所短。如果把他安排在合适的岗位上，发挥其长处，就会使其成为有用人才；如果放弃其长处，而用其短处，即使再有才能也会成为庸才。

（2）因人制宜，区别对待。每一个人都有不同的个性心理特征，并且不同的个性心理特征在人的能力、气质、思想状况和嗜好、兴趣，以及处事、与人交往等诸多方面都会有不同表现。领导者用人时，应根据不同的个性特征，因人制宜，区别对待。

（3）重业绩，看能力，不论资排辈。业绩是人们工作实践的结果，是人的能力、品德、思想行为及工作绩效的综合体现。领导者使用人才，最主要的是要看在实践中他做了哪些实实在在有益的事情。

领导者用人要不拘一格，敢于起用能人。人才不是完人，要认识到世界上没有完人，只有具有不同个性的人。往往才能越高的人，其缺点也越明显。管理学家杜拉克在《有效的管理者》中说:“谁想在一个企业中任用没有缺点的人，这个企业最多是一个平庸的企业。谁想找‘各方面都好’的人、只有优点没有缺点的人，结果只能找到平庸的人，要不就是无能的人。才干越高的人，其缺点往往也越明显。有高峰必有低谷，谁也不能是十项全能。”

3. 扬长避短，各尽其能

领导者用人应扬长避短、各尽其能，首先用其所长，例如达尔文的数学并不出众，却创立了进化论。陈景润的教学工作不尽如人意，但在数学研究方面却达到了很高的水平。领导者用人，既不能忽视其所长，也不能不看其所短。若其短足以碍其长，则除非不得已不可用；若其短不会碍其长，则不必理会；若其短可能碍其长，则可在用其长时，注意防其短、避其短，有可能的话，通过领导者的帮助和在工作中的锻炼，逐步补其短、克其短。总之，扬长避短，各尽其能是领导者用人的关键点。

(二)用人不疑,充分信任

1. 用人不疑

用人不疑的信任原则是领导者用人的基本条件。当然，信任并不是盲目的，而是有基础有条件的。这个基础条件就是知人，只有知人，才能善任。

2. 充分信任

领导者既然经过深入了解考察之后选拔出人才，就要充分信任他们。所谓充分信任，就是在其工作范围内授予一定的职权，做到有职、有权、有责，使其放手工作，充分发挥聪明才智，努力去实现预定的目标。

要建立起领导者与企业成员之间的相互信任关系，作为领导者自身也必须有必备的条件。首先，领导者自身必须德才兼备、品德优秀、作风正派、讲信用，能够做下属的表率。其次，领导者对企业成员必须尊重，待之以诚，推心置腹，做知心的朋友。再次，领导者不能嫉贤妒能，要正确评价企业成员在工作中的功过是非，善于发挥部下的才能。最后，领导者不能听信谗言，要任而信、信而专，始终如一地坚持对人的信任。总之，领导者与其企业成员之间只有团结一致、同心同德，结成一个不可分割的有机整体，才能同心协力做好工作。

3. 豁达大度，宽以待人

要做到选贤任能，必须具有豁达大度、宽以待人的胸怀，要有总揽英雄、思贤若渴的肚量。只要是为事业所需要的贤能之士，只要是能对事业有所贡献的人，不管他来自什么地方，即使是与自己意见不合的人、反对过自己且反对错了的人，都要能够不计前嫌，惜才容人，团结任用。春秋初年，齐桓公容管仲一箭之仇，任之为相，遂有“九合诸侯，一匡天下”，齐国成为春秋时期的第一强国。唐朝李世民起用常劝太子李建成早除秦王的魏征等贤才，开创了“贞观之治”，可见，领导者豁达大度，才能广选人才，成就事业。

（三）激励爱护，赏罚分明

领导者需要正视员工的付出，正确评价企业成员工作中的是非功过，并用制定的绩效级别对其予以奖励或者惩罚。

要做到激励爱护企业成员。领导者必须以身作则、推功揽过，绝不能推过揽功、文过饰非。那些成绩功劳是自己的、有错误过失推给下属的、文过饰非的领导者，绝对不是好的领导者。他们手下的企业成员，绝对不会放开手脚、独立负责地工作。

领导者对企业成员工作的功过要赏罚分明。对成绩卓著者，要给予奖赏和晋升；对渎职失职者，要给予处罚；对违纪者，要给予纪律处分；对犯法者，要绳之以法。赏罚分明，才能明是非，知功过，伸正气，灭歪风，激励先进，鞭策后进。

开展竞赛是激励企业成员的好办法。我们党和国家在广大企业成员、群众中开展比先进、学先进、赶先进、帮后进的活动，评先进人物，树立各种典型，起了良好的激励作用。

激励爱护企业成员必须反对嫉妒。古往今来，嫉贤妒能者不知坑害过多少贤能之士。嫉贤妒能，常使领导者在选贤任能时犹豫不决，是非难辨；也使贤能之士忧谗畏讥，踌躇不前。魏朝李康说："木秀于林，风必摧之；堆出于岸，流必湍之；行高于人，众必非之。"嫉贤妒能是领导者选贤任能的大敌，是人才成长的最大障碍。领导者应选贤任能，对那些勇于开创新局面的企业成员加以保护，对那些妒贤嫉能者给予教育甚至惩罚。

(四)注重培养,终身学习

1. 用养并重

领导者不仅要用才，更要爱才、护才、养才，以避免人才的浪费与搁置。这就需要建立一套完整配套的人才保护培养制度。同时，要注重对潜在人才的培养与开发，使人才辈出而不会后继乏人。

2. 不断"充电"

领导者选拔人才或使用人才，都是为了充分利用现有的人才资源。然而，作为有远见卓识的领导者，不仅要善于选拔和使用人才，还要重视培养人才。如果只注重使用，而忽略培养，那无疑是竭泽而渔，久而久之，人才就会枯竭。《汉书·李寻传》说："马不伏枥，不可以趋道；士不素养，不可以重国。"人才的使用有一个才能的输出和输入过程。任何一个系统，如果只有输出而没有输入，那么这个系统就无法维持，就会逐渐丧失应有的功能。今天我们正处在知识经济时代，知识陈旧、老化的速度越来越快。因此，领导者要使自己和下属能适应形势，做好工作，就必须创造学习型企业，为各类人才更新知识、不断"充电"提供良好的条件。

3. 注重培养

科学技术飞速发展，人才个人知识水平也需要不断提高。 人们要适应时代发展的需要，就必须不断进行知识更新。 据研究表明，一名青年在校学过的知识，有效期最多五年。 这一方面说明科学技术发展速度很快，另一方面也说明，人们必须不断更新知识，活到老，学到老。 比如，20 世纪 80 年代以前的大学毕业生几乎都没学过电脑知识，而电脑的应用却是亟待解决的问题。 在科技、管理等部门，如果不能很熟练地使用电脑，就等于失去了一只手臂。 因此，我们必须不断地学习、探索。

终身教育的方法很多，但是要防止流于形式，要注重教育质量，讲求实效。

作为中国最成功的企业之一，华为在延揽人才、人才各任其能方面有着其独到的方式。 如何让人才在良性约束下自由发挥，创造出最大价值？ 如何用人才的确定性去应对未来的不确定性？ 华为公司董事、高级副总裁陈黎芳女士曾经分享了华为对时代的认识、公司发展经验及人才观，从中我们可以一窥华为的用人法则，以及他们对未来发展的人才观。

华为刚成立的时候，任正非就非常清醒地认识到，只有利益共享，才能凝聚人心。 因此他设计了一种机制，即通过分担责任、共享成果来激发全体员工的奋斗热情。 这种分配机制中，劳动和资本比为 3∶1。 劳动就是工资、奖金和福利，资本收益则通过设立一个合理的底线值来获得回报。

如今华为公司发展壮大了，员工也得到了更大的利益回报，华为形成了一种共同价值观，良性的机制可以激发员工，每个人都在创造更大的价值。 如何做到这一点，陈黎芳总结了三个观点：一是炸开人才金字塔，与世界交换能量。 二是鼓励探索，宽容失败。 三是英雄不问出处，贡献必有回报。

1. 炸开人才金字塔，与世界交换能量

其实就是人才开放流通。 不仅要内部开放，而且要与外部多交流。 金字塔是最稳定的建筑结构。在工业时代，人才金字塔结构的优点显而易见，有秩序、有层级、分工明确，效率高。而在数字时代，这种人才金字塔结构也有了缺点。比如它是封闭的，与外界没有能量交换，层级严密，内生，不利于创新。又比如，金字塔塔尖很小，只能站下少数人，容不下更多人才。所以，任正非提出，把人才金字塔顶端炸开，无限扩大外延，使内生领军人物倍出，外延天才思想云集。这样，更多的华为商业领袖、战略领袖和技术领军人物，能够不断站上来，使企业永保活力。同时，华为的人才可以跟外部专家、科学家、国际企业、标准企业、产业企业进行交流。这些交流碰撞产生火花，无论被谁应用，都是有利于社会的。

人才在哪儿，资源在哪儿，华为就在哪儿。华为尽可能为人才提供合适的场景、条件来激发创新，而不是由华为来规定怎么创新、往哪个方向去创新。截至2016年8月，华为在全球已经建立了26个能力中心，即为全球科学家、专家提供一个平台，目的是要让科学更好地造福人类、贡献社会。通过华为创新研究计划（HIRP），华为与120多个著名高校和研究机构、100多位院士有合作。2015年，HIRP就支持了170多个研究项目。陈黎芳说，华为今后会投入更多资源支持同方向科学家的研究。

2. 鼓励探索，宽容失败

华为每年把收入的10%至15%投入研究和开发中去。其中，大概70%用于开发，开发是一个确定性工作，强调保证质量、效率提升；还有30%用于研究，研究是不确定性的工作，需要鼓励探索。对于不确定性工作，华为设定了一个收敛值是0.5，也就是说，允许有50%的失败。这种不应叫失败，而应叫探索。

3. 英雄不问出处，贡献必有回报

在华为，评价人才只有唯一的要素，就是责任结果。有个简单统计，华为市场体系担任国家首席执行官的岗位中，41.4%都是30岁出头的年轻人，他们管理的业务规模是10亿到100亿元。在研发领域的专家中，70%也都是80后。

4. 华为的未来人才观

华为对人才的重视在业界有口皆碑，华为创始人任正非有过许多如何建设团队、挖掘人才能力的论述。截至2016年底，华为已有17万员工，但对于华为来讲，即将到来的智能社会将对人才提出更高的要求。对于未来，任正非这样描述：未来二三十年人类社会会演变成为智能社会，其广度、深度我们现在还难以想象。那么，对于这样一个具有不确定性的未来，华为如何应对？陈黎芳说，华为对此的态度是：越是面对前途的不确定性，越需要探索和创造。作为全球信息与通信技术（ICT）的行业领袖，华为也一直在积极部署人才战略，希望吸引更多顶尖人才。

关于未来人才争夺，华为在实践中意识到："过去资本雇用人才，未来人才雇用资本。"陈黎芳说，过去，资本是比较稀缺的资源，支配力更大。现在情况发生了变化。过去资本雇用人才，现在和未来，是人才雇用资本。人才会起到更主导的作用，人才创造的价值会更大。资本需要附着在人才身上，才能够保值增值。

基于这种看法和假设，华为也在实践，究竟用什么机制才能让人才创造出更大价值？华为的经验是，让人才在良性约束下自由发挥，创造出最大价值。什么是良性约束？良性约束，就是共同的价值观。在共同的价值观下，企业的愿景和使命、个人的追求契合在一起，让人才的创造有方向。人才有了方向引领，才能够奔跑得更快。在华为，共同价值观就是以客户为中心，以奋斗者为本。

领导者识人用人的方法可以归纳为四点：①知人善任，人尽其才。②用人不疑，充分信任。③激励爱护，赏罚分明。④注重培养，终身学习。

三、避免陷入识人用人的误区

（一）首因效应

首因效应有时又称为“第一印象的作用”，指的是知觉对象给知觉者留下的第一印象对社会知觉的影响作用。具体来说，就是初次与人或事接触时，在心理上产生对某人或某事带有情感因素的定势，从而影响到以后对该人或该事的评价。所以，对收集正确的情报并加以分析而言，这种效应是不利的。无论第一印象是好是坏都是片面的，不利于全面地了解、分析。

（二）近因效应

近因效应是指某人或某事的近期表现在头脑中占据优势，从而改变了对该人或该事的一贯看法。近因效应与首因效应是相对应的两种效应。首因效应一般在较陌生的情况下产生影响，而近因效应一般在较熟悉的情况下产生影响。两者都是基于对人或事的片面了解而主观臆断，使得信息失真。

（三）晕轮效应

晕轮效应是指某人或某事由于其突出的特征给人以深刻的印象，从而忽视了其他的特征，造成人际认知障碍。要克服晕轮效应，就必须坚持客观、不掺杂主观成分。例如对英国前首相丘吉尔，我们对他的印象是一位政治家，但却经常忽视了他还是一位优秀的文学家，甚至还获得过诺贝尔文学奖。

（四）相互回报心理

相互回报心理也叫相互回报行为，并非我们日常所说的“滴水之恩涌泉相报”，而是指社会上的人往往有一种心理倾向：喜欢那些他自认为喜欢他的人，讨厌那些自认为讨厌他的人。相互回报行为的前提是人们对于信息的感知。由于人们的行为十分复杂，人们通过信息对别人的动机和行为的感知，有时候可能正确，有时候也可能是错误的。

由于主观感知与他人动机的不一致性，以及对信息判断短期或长期着眼点的差异性，因而在相互回报行为中，常会出现“一厢情愿”“以怨报德”或“以德报怨”等例外现象。相互回报行为具有两重性。积极的相互回报行为有助于人们相互关心、相互爱护、相互帮助、相互支持，有助于领导班子的团结和人际关系的和谐。值得警惕的是消极的相互回报行为。

(五) 偏见效应

偏见效应是指从某种错误的观念和偏见出发，纯主观地做出对人的判断的一种效应。比如，“年轻人都富有激情、老年人都很保守”。

(六) 马太效应

马太效应是指对已有相当知名度的人给予的荣誉越来越多，而对那些尚未出名的人则往往忽视他们的成绩，或不承认、贬低其价值的这样一种常见的不合理现象。

> 作为领导者，在识人用人时需特别注意避免进入首因效应、近因效应、晕轮效应、相互回报心理、偏见效应、马太效应这些心理误区，以免“识人不淑”、用人失察，给企业造成不必要的损失。

【思考题】

1. 青年领导者应该如何制定合理的目标？

2. 什么是科学决策？结合本章第二节的案例，谈谈科学决策应该具备哪些要素？这些要素之间存在什么样的关系？

3. 结合本章第二节案例，你认为哪些因素可以决定决策的成功与否？

4. 青年领导者应该注重团队合作吗？ 通过本章第三节的案例，你发现如何才能成为一名优秀的团队领导者？

5. 经过本章第四节的学习，你掌握了哪些时间管理的方法与工具？

6. 影响沟通效果的因素都有哪些？ 结合本章第五节比尔·盖茨和保罗·艾伦的案例，你认为青年领导者应该通过怎样的沟通来化解矛盾？

7. 本章第六节海底捞的案例向我们展示了哪些激励方法？ 你认为什么样的激励方法最为有效？ 为什么？

8. 青年领导者应该如何处理自己与人才之间的关系？

【自我测评】领导能力量表

（评分等级："1"表示特别差；"2"表示较差；"3"表示略差；"4"表示尚可；"5"表示良好；"6"表示优秀；"7"表示非常出色。）

基本能力

· 能关注很多细小问题并愿意去完成许多细小工作。

· 清楚了解记录中的金钱、事务或事实。

· 把一个问题分成几个部分，使之得以分别处理。

· 从一个概念、图形或口头描述可以创造出事物的形象。

· 使用经验、知识或概念去判断或评估人、事或看法。

驾驭全局的技能

· 努力做到可能达到的最好情形或做得比其他人更好。

· 精神上追求完美的理想，行为上刻意遵从伦理规则。

· 预计事物的价值、大小、费用或数字运算结果。

· 影响别人的行为或看法。

筹划决断的技能

· 选择一个活动并为其结果负责。

· 计划财务上的需要。

· 告诉别人去做什么并为他们的表现负责。

识才辨贤的技能

· 礼贤下士的气度。

· 诚心诚意爱人才。

· 于生活细节处识人。

· 人品比才能更重要。

企业协调的技能

· 告诉别人去做什么并为他们的表现负责。

· 安排活动以节省时间和精力。

· 寻找一个对矛盾双方都有益的解决方法。

· 按正确的决策程序完成工作。

应变创新的技能

· 从新的工作、观念或设计开始一个新的项目。

· 用多种技巧应对改变。

· 不论是否在预期中，都能认识其重要性并有所反应。

· 将事实和概念以新的、富于创意的方法放在一起。

人际交往的技能

· 对他人的要求或需要立即做出反应。

· 认识并知道他人的感受。

· 巧妙地处理困难的社交情况而不使他人受窘。

· 与他人共同努力以达到一个共同目标。

准确表达的技能

· 从文字资料中获取信息。

· 创作有意义和合乎文化的句子或段落。

· 明确地陈述问题，并给他人提供有用的或新的信息。

· 清楚正确地表达自己的意见、观点。

第六章 企业要素的培养

> 我更害怕由一只狮子领导的100只羊，而不是由一只羊领导的100只狮子。
>
> ——塔列朗

我们知道，人的影响力是指一个人在与他人交往的过程中，影响和改变他人心理、情感、思想和行为的能力。对领导者而言，影响力是指领导者在开展领导活动过程中影响和改变被领导者心理、情感和行为的能力。一般来说，人的影响力具有双向性，即任何一个人都可能影响别人，同时又受到别人的影响。在领导学的研究领域，我们更多地需要考量领导者对被领导者的影响性。

在青年领导力的实践过程中，其有效作用最终依然通过对他人的影响所表现，那么，探讨青年领导影响力的来源问题就显得极为必要：除了青年领导力的特质要素和行为要素之外，青年领导者的影响力还能从何而来？这是本章所主要关注的问题。

重温中国改革开放的历史，有一句口号不能不提——“时间就是金钱，效率就是生命”；有一个地方不能不提——被誉为“特区中的特区”的深圳蛇口工业区；有一个名字不能不提——袁庚，引领蛇口走在改革风口浪尖的领头人。

袁庚是中国企业史上某一群体的标本人物。他既是一位官员又是一位企业家——他的职位是蛇口开发区管委会书记，是这个地区的最高行政长官；而同时，他又是一家国有控股公司的董事长。

这个有着传奇般经历的老人，1917 年出生于一个海员家庭，13 岁时孤身赴广州求学，22 岁时加入了东江纵队，先后任教官、护航大队副大队长、情报科长等职。有人在评价 67 岁的袁庚时说他“走起路来如雄鸡，坐立显狮威，目光锐利，思维敏捷”。袁庚则认为那是他的经历所造就的，“我做情报工作出身，所以我最大的长处就是我会用我的大脑分析来自不同方面的信息，得到正确的结论”。这样一种难得的能力也为其在日后蛇口的多项改革创新中所用。

袁庚曾率先提出设立深圳蛇口工业区。投身其中后，他在那片土地上创造出了众多中国“第一”：第一次提出“时间就是金钱，效率就是生命”的口号，第一次实行人才公开招聘，第一个改革人事制度，第一个实行工程招标……在乍暖还寒的改革之春，他毅然决然地走在探索的最前沿。

1978 年 9 月，61 岁的袁庚被派到香港招商局工作。同年 10 月 9 日，他起草了《关于充分利用香港招商局问题的请示》报告，认为“立足港澳、背靠内地、面向海外……应当冲破束缚，放手大干，争取时间，加快速度……走出门去搞调查做买卖……多方设法吸引港澳及海外游资”。这份在今天看来无奇的请示，在当年却是触目惊心的提法，突破了“不用西方世界资金”的思想禁区和“一无外债二无内债”的传统观念。

1980 年 3 月，袁庚提出“公开招聘”，开创了新中国人事制度改革史上的先河。之后过了三年，他又提出“公开投票选举工业区领导干部”的提议，在蛇口开展了一场引起国内外关注的群众投票直选干部的民主试验，打破了能上不能下的“干部终身制”铁律。

在那激情燃烧的年代里，袁庚率先提出的那句口号如春雷般响彻中国大地，冲刷着人们的思想；他率先提出设立的蛇口工业区，比经济特区的出现早一年多；在他主政蛇口的14年间，将一个资产1个亿家底的招商局发展壮大到身家200亿，其中包括中国第一家股份制中外合资企业——南山开发股份有限公司，全国第一家由企业创办的保险机构——蛇口平安保险公司，以及平均资本利润率列中国第一位的招商银行……

袁庚的名字和他的故事，早已被载入史册，无论是在改革开放伊始还是在现今社会，这位被载入史册的领导者的影响力都是巨大的。袁庚的影响力既源于他作为地方最高行政长官——时任蛇口开发区管委会书记的正式职位与角色权力，又与其坚毅果敢、勇于创新的个性，思维敏捷、敢为人先的个人魅力息息相关。

第一节　硬权力

> 敬字惟无众寡，无大小，无敢慢三语最为切当。
>
> ——曾国藩

硬权力，在领导学中又被称为权力性影响力，指的是领导者从所任职务及其赋予的权力中所获得的影响力，是领导者具备影响力的支柱。这种影响力是以企业授予的职权为基础，以被领导者的硬性服从为前提，以外在推力为形式而发挥作用，具有强制性和不可抗拒性。这种带有强烈强制性色彩的“硬性”影响力依靠职位及其强制权力而存在，与被领导者的认可程度并不直接相关。

硬权力通常通过上级领导者的命令所发出，下级被领导者一般没有讨价还价的余地，且不容置疑，必须执行。在这种影响力的作用下，领导者处于绝对主导地位，相对的，被领导者则是被动的。被领导者行为不一定出自内心的真实意愿。在军队中，下级必须无条件服从上级的规定，就是硬权力的突出表现。

一、硬权力的权力来源

要想使企业中各层级的员工对工作负责，就必须要有一个明确的权威结构作为保障。同时，在企业遇到危机时，必须事先知道谁有权决策，否则就会陷入混乱。此时企业的生存取决于决策人无可置疑的硬权力及其所带来的领导职位权威。如果缺乏此权威，企业中的任何人也都不会有安全感。

——彼得·德鲁克

学者们认为权力性影响力的基础有三个方面：

第一，法定权。法定权来自人们的传统观念和社会规范。人们往往认为领导者被授予了合法的权力，理所当然地成为企业中的核心。由于领导者拥有权力，所以他人必须服从领导者的管理。

第二，强制性。是一种建立在畏惧、担心基础上的权力。由于领导者掌握对下属的控制权，并有能力惩罚他人，使他们遭受痛苦、不能满足某些需要，所以人们为了避免惩罚而被迫服从领导者、接受领导者的管理，满足他们的要求。

第三，奖赏权。奖赏权是与强制权相对应的，领导者有奖励他人的权力，只要满足领导者的要求，合乎领导者的意愿，就可能获得奖励。这种奖励可能是物质的（如增加工资、资金、实物等），也可能是非物质的（如提级、晋升、表扬等）。下属为获得领导者的奖赏，而情愿接受领导者的管理。

> 硬权力主要取决于领导者的法定权、强制权和奖赏权。一个领导者在企业中的地位越高，拥有的权力越大，则他所具有的硬权力也就越明显。

二、硬权力的形成因素

（一）传统因素

传统因素是指人们在长期的社会生活中，形成了一种对领导者固定的认识模式，认为领导有权力、有才干，理应“高”于普通人，于是对领导者产生服从感。这种认识模式逐渐被内化为人们的传统观念。所以，从传统因素来看，硬权力是传统附加给领导者的力量，并且这种影响力普遍存在于领导者的领导行为之前。

（二）职位因素

职位因素是指领导者在企业中的职务与地位会使下属产生敬畏感。领导者的职位越高、权力越大，越有条件左右下属的行为、处境、前途甚至命运，下属对他的敬畏感也越强，他的影响力也越大。在通常的情况下，局长的影响力要比处长的影响力大，处长的影响力要比科长的影响力大。职位因素造成的影响力是以法定为基础的，它与领导者本人的素质没有直接关系。所以，从职位因素看，影响力是由社会附加给领导者的力量，同样也存在于领导者行为之前。

（三）资历因素

资历因素是指由于领导者的资格和资历对下属产生心理影响，使他们对领导产生敬重感。资历因素是个人历史性的东西，只反映领导者过去的情况。虽然一个人的发展具有历史的连续性，但历史和现实仍存在一定的差距。但是人们往往对资历较深的领导者，怀有较强的敬重感。例如在选拔干部的过程中，有时年纪较大、资格老、曾经担任过一定职务的人比初出茅庐，具有较强能力，勇于开拓、年富力强的年轻人更容易得到认可。所以，从资历因素看，权力性影响力是由领导者的历史情况附加给领导者的力量，同样也存在于领导者行为之前。

1997 年，可口可乐公司首席执行官罗伯托·戈伊苏埃塔过早辞世后，公司并没有遭遇挫折。这在很大程度上是因为他生前就已经培养了一名有能力的继任者——道格拉斯·艾夫斯特（M. Douglas Ivester）。戈伊苏埃塔早就称呼艾夫斯特为“我的搭档”了；在戈伊苏埃塔生病期间，公司的一些重要部门就已经向艾夫斯特报告了。已故的董事长也为艾夫斯特培养了很多关键下属，他们也都是不可多得的人才。

在著名的投资人沃伦·巴菲特看来，戈伊苏埃塔“最大的遗产就是他如此认真地为公司挑选并培养未来领导者的做法”。

> 传统因素、职位因素和资历因素共同影响着硬权力的产生。

三、硬权力的影响

硬权力给被领导者所带来的心理效应一般会产生两个方面的影响：

第一，服从感。传统观念认为，领导者不同于一般人，他们有职权，才干比一般人高，服从领导是每个被领导者应该履行的职责。第二，敬畏感。领导者手中有职权，可以发布命令，实施奖惩手段，能够左右人们的行为，因此，对领导者容易产生敬畏感。一般来说，职务越高、职权越大的领导者，人们对他们的敬畏感越强。

当然，切不可把这“两感”看得过重，把权力性影响力用得过多，否则，就会事与愿违，甚至适得其反。因为，如果强制力过大、过猛，超过人们的承受能力，就会产生逆反心理，激发出始料不及的行为。

第二节　软权力

当今领导，集中到一点，就是他有能力使他的下属信服而不是简单地控制他们。

——亨利·艾利斯

软权力，即非权力性影响力、非职位影响力或个人影响力，是由领导者自身素质形成的一种自然性影响力。它既没有正式的规定，没有上下授予形式，也没有合法权那种形式的命令与服从的约束力，但其影响力却比硬权力影响力广泛、持久得多。它与职位、职权无关，而与领导者个人的能力、魅力和魄力密切相关。

软权力具有非强制性，能影响他人自觉自愿地按领导的意图去行动。个人影响力被认为是领导最重要的魅力来源。对于青年领导力而言，软权力较硬权力更易提升，也更为实际。

2020 年 9 月 8 日，全国抗击新型冠状病毒肺炎疫情表彰大会在北京人民大会堂隆重举行。我国呼吸疾病研究领域的领军人物——钟南山，由于其敢医敢言、勇于担当，提出的防控策略和防治措施挽救了无数生命，以及在非典型肺炎和新型冠状病毒肺炎疫情防控中做出的巨大贡献，被授予象征无限荣耀的“共和国勋章”。他，名副其实。

十八年前，在“抗击非典”的严峻时刻，作为中国工程院院士、我国呼吸病学的顶尖专家，钟南山说了一句掷地有声的话：“把重症病人都送到我这里来！”那年他已经67岁，但却一直奋战在前线，为中国最后抗击非典的胜利立下了卓著功勋。钟南山院士因此被评为2003年“感动中国十大人物”之一。当时他的颁奖辞中这样写道：“面对突如其来的SARS疫情，他冷静、无畏，他以医者的妙手仁心挽救生命，以科学家实事求是的科学态度应对灾难。他说，‘在我们这个岗位上，做好防治疾病的工作，就是最大的政治。’这掷地有声的话语，表现出他的人生准则和职业操守。他以令人景仰的学术勇气、高尚的医德和深入的科学探索给予了人们战胜疫情的力量。”

2020年，当新型冠状病毒肺炎疫情出现时，许多人还没意识到病毒的凶险程度，他便以自己精深的专业素养第一个告诉大家真相：“新冠病毒有人传人的危险，请大家没有特殊情况千万别去武汉！”但是，已经84岁高龄的他却毅然奔赴武汉，来到疫情最严重也最危险的第一线。在火车上他一边吃着盒饭，一边研究疫情，后来因为实在太疲惫，靠在椅子上睡着了。那张“逆行者”的照片感动了无数中国人。

在两次抗疫斗争中，钟南山不顾个人安危，不顾年事已高，冲锋陷阵，亲临一线，实地调研，与同行交流，现场指导，言传身教地指导年轻医生救治患者，其作风平易近人，是一位十分受人尊敬的长者。他爱党爱国爱人民，医术高超，德高望重，是国宝级医学专家。国人敬重他，感谢他。

钟南山的事例让我们清晰地看到，软权力的影响力与领导者的领导职位与职权并无紧要关系，而与其个人的能力、魅力和魄力息息相关。

一、软权力的基本特征

第一，是一种自然影响力。软权力靠的是发自内心的情感，这种情感表现为领导者对下级的态度，并决定着下级是发自内心地接受或以消极的方式对抗领导。因此，软权力对被领导者的心理和行为影响非常深刻。

第二，影响面广泛。在领导实践中，软权力往往可以超出领导者自己的职权范围，在更大的范围内产生影响作用。

第三，具有实践性和动态性。领导者的软权力是在实践中逐步形成的，领导者只有在领导实践中不断加强自身素质的修养，才可能使被领导者接受和认可。同时，这种软权力在领导实践中，既可能不断增强，也可能逐步削弱。

> 软权力的基本特证是一种自然影响力。软权力的影响面较硬权力相比更为广泛，且具有实践性和动态性。

二、软权力的形成因素

（一）专长权（expert power）

专长权指的是领导者个人的专长（技能、知识等）带给他人的希望，让其他人觉得领导者“有两把刷子”，使被领导者产生一种敬佩感。这种敬佩感就像心理磁场一样吸引周围的人自觉自愿地接受领导者的思想、行为方式，从内心对他产生认同感和尊重感。被领导者才能服从领导，拥护决策，心甘情愿且有创造性地干好领导者布置的工作，从而达到既定的工作目标。

如果一个领导者无有所长，或其所长与其职位不相匹配，知识浅薄、能力低下，担任一个完全力不从心的职位，既不能科学地决策，又不能科学地管理，甚至连起码的工作任务都完成不了，下属根本就“不买你的账”，更谈不上产生敬佩感和吸引力。

（二）参照性权力（referent power）

第一，个人魅力权，来源于他人对领导者个人素质的认同及对其人格的赞赏。个人魅力因素一般来源于领导者的道德品质、人格、作风等，它集中反映在领导者的言行之中，是构成领导者非权力性影响力的前提因素。如果一个领导者具有优良的品格，如公道正派、严于律己、无私奉献、以身作则等，会使下属产生一种发自内心的敬佩感，更具有号召力，吸引人去效仿，即所谓“其身正，不令而行”。

在实际工作中，一个具有优良品格的领导者，可以通过自身的示范作用来影响改变周围的环境，形成良好的风气，具有很强的感召力、吸引力，深受下属的拥戴。

第二，背景权，来源于领导者自身曾经的辉煌经历，是指领导者个体由于以往的经历而获得的权力。例如，领导者过去在大企业或知名外企任职的经历、海外学习和工作的经历，或者是劳动模范、知名人士等，由于他的特殊背景和荣誉，在初次见到他的时候，人们就愿意听从他的意见，接受他的影响。这种权力源于被影响者对该经历的崇敬和共鸣。

背景权也可以来源于特殊的人际甚至血缘关系。

第三，感情权，是指个体由于和被影响者感情较融洽而获得的权力。如果多年的老朋友提出要求，请求一些帮助，无论在工作上有没有关系，人们都会感到难以拒绝，从而接受他的影响。

感情是人们对客观事物（包括对人）好恶倾向的内在反映，它体现了人与人之间的关系状况。领导者与他人之间也是一种人际关系，存在着感情上的联系，故有亲疏、好恶之分。如果相互之间建立起亲密的关系，就能够使被领导者产生亲切感。亲切感不仅能更好地使下级接受领导者的影响，而且可以成为促使下级不断上进的动力。

影响软权力参照性权力的形成因素主要有三个：个人魅力权，背景权及感情权。三者共同作用于领导者身上时，会使领导者产生自己独特的、不易被替代的软权力。

【思考题】

1. 结合本章案例，请你想一想：青年领导者的影响力从何而来？

2. 对青年领导者而言，硬权力与软权力哪一个更重要？

3. 如何提高青年领导者的影响力？

【自我测评】贝尔宾团队角色测试

下列问题可能在不同程度上描绘了您的行为，请对下列问题做答。每题有八句话，请将十分配给每题的八个句子。分配的原则是：最体现您行为的句子分值最高，以此类推。最极端的情况也可能是十分全部分配给其中的某一句话。请根据您的实际情况把分数填入后面的表中。

1. 我认为我能为团队做出的贡献是：

A. 我能很快地发现并把握住新的机遇。

B. 我能与各种类型的人一起合作共事。

C. 我生来就爱出主意。

D. 我的能力在于一旦发现某些对实现集体目标很有价值的人，我就及时把他们推荐出来。

E. 我能把事情办成，这主要靠我个人的实力。

F. 如果最终能导致有益的结果，我愿面对暂时的冷遇。

G. 我通常能意识到什么是现实的，什么是可能的。

H. 在选择行动方案时，我能不带倾向也不带偏见地提出一个合理的替代方案。

2. 在团队中，我可能有的弱点是：

A. 如果会议没有得到很好的组织、控制和主持，我会感到不痛快。

B. 我容易对那些有高见而又没有适当地发表出来的人表现得过于宽容。

C. 只要集体在讨论新的观点，我总是说得太多。

D. 我的客观算法，使我很难与同事们打成一片。

E. 在一定要把事情办成的情况下，我有时使人感到特别强硬以至专断。

F. 可能由于我过分重视集体气氛，我发现自己很难与众不同。

G. 我易于陷入突发的想象之中，而忘了正在进行的事情。

H. 我的同事认为我过分注意细节，总有不必要的担心，怕把事情搞糟。

3. 当我与其他人共同进行一项工作时：

A. 我有在不施加任何压力的情况下去影响其他人的能力。

B. 我随时注意防止粗心和工作中的疏忽。

C. 我愿意施加压力以换取行动，确保会议不是在浪费时间或离题太远。

D. 在提出独到见解方面，我是数一数二的。

E. 对于与大家共同利益有关的积极建议我总是乐于支持。

F. 我热衷寻求最新的思想和新的发展。

G. 我相信我的判断能力有助于做出正确的决策。

H. 我能使人放心的是，对那些最基本的工作，我都能组织得“井井有条”。

4. 我在工作团队中的特征是：

A. 我有兴趣更多地了解我的同事。

B. 我经常向别人的见解进行挑战或坚持自己的意见。

C. 在辩论中，我通常能找到论据去推翻那些不甚有理的主张。

D. 我认为，只要计划必须开始执行，我有推动工作运转的才能。

E. 我有意避免使自己太突出或出人意料。

F. 对承担的任何工作，我都能做到尽善尽美。

G. 我乐于与工作团队以外的人进行联系。

H. 尽管我对所有的观点都感兴趣，但这并不影响我在必要的时候下决心。

5. 在工作中，我得到满足，因为：

A. 我喜欢分析情况，权衡所有可能的选择。

B. 我对寻找解决问题的可行方案感兴趣。

C. 我感到，我在促进良好的工作关系。

D. 我能对决策有强烈影响。

E. 我能适应那些有新意的人。

F. 我能使人们在某项必要的行动上达成一致意见。

G. 我感到我的身上有一种能使我全身心地投入工作的气质。

H. 我很高兴能找到一块可以发挥我想象力的天地。

6. 如果突然给我一件困难的工作，而且时间有限，人员不熟：

A. 在有新方案之前，我宁愿先躲进角落，拟定出一个解脱困境的方案。

B. 我比较愿意与那些表现出积极态度的人一起工作。

C. 我会设想通过用人所长的方法来减轻工作负担。

D. 我天生的紧迫感有助于不会落在计划后面。

E. 我认为我能保持头脑冷静，富有条理地思考问题。

F. 尽管困难重重，我也能保证目标始终如一。

G. 如果集体工作没有进展，我会采取积极措施去加以推动。

H. 我愿意展开广泛的讨论，意在激发新思想，推动工作。

7. 对于那些在团队工作中或与周围人共事时所遇到的问题：

A. 我很容易对那些阻碍前进的人表现出不耐烦。

B. 别人可能批评我太重分析而缺少直觉。

C. 我有做好工作的愿望，能确保工作的持续进展。

D. 我常常容易产生厌烦感，需要一两个有激情的人使我振作起来。

E. 如果目标不明确，让我起步是很困难的。

F. 对于我遇到的复杂问题，我有时不善于加以解释和澄清。

G. 对于那些我不能做的事，我有意识地求助于他人。

H. 当我与真正的对立面发生冲突时，我没有把握使对方理解我的观点。

题号		CW		CO		SH		PL		RI		ME		TW		FI
1	G		D		F		C		A		H		B		E	
2	A		B		E		G		C		D		F		H	
3	H		A		C		D		F		G		E		B	
4	D		H		B		E		G		C		A		F	
5	B		F		D		H		E		A		C		G	
6	F		C		G		A		H		E		B		D	
7	E		G		A		F		D		B		H		C	
总计																

这八种团队角色分别为：

▶实干家 CW（Company Worker）

A. 典型特征:保守；顺从；务实可靠。

B. 积极特性:有企业能力、实践经验；工作勤奋；有自我约束力。

C. 能容忍的弱点:缺乏灵活性;对没有把握的主意不感兴趣。

D. 在团队中的作用：①把谈话与建议转换为实际步骤；②考虑什么是行得通的，什么是行不通的；③整理建议，使之与已经取得一致意见的计划和已有的系统相配合。

▶协调员 CO（Coordinator）

A. 典型特征:沉着;自信;有控制局面的能力。

B. 积极特性:对各种有价值的意见不带偏见地兼收并蓄，看待问题比较客观。

C. 能容忍的弱点：在智能及创造力方面并非超常。

D. 在团队中的作用：①明确团队的目标和方向；②选择需要决策的问题，并明确它们的先后顺序；③帮助确定团队中的角色分工、责任和工作界限；④总结团队的感受和成就，综合团队的建议。

►推进者 SH（Shaper）

A. 典型特征:思维敏捷;开朗;主动探索。

B. 积极特性:有干劲，随时准备向传统、低效率、自满自足挑战。

C. 能容忍的弱点:好激起争端，爱冲动，易急躁。

D. 在团队中的作用：①寻找和发现团队讨论中可能的方案；②使团队内的任务和目标成形；③推动团队达成一致意见，并朝向决策行动。

►智多星 PL（Planter）

A. 典型特征:有个性;思想深刻;不拘一格。

B. 积极特性:才华横溢;富有想象力;智慧;知识面广。

C. 能容忍的弱点:高高在上;不重细节;不拘礼仪。

D. 在团队中的作用：①提供建议；②提出批评并有助于引出相反意见；③对已经形成的行动方案提出新的看法。

►外交家 RI（Resource Investigator）

A. 典型特征:性格外向；热情；好奇;联系广泛;消息灵通。

B. 积极特性:有广泛联系人的能力;不断探索新的事物;勇于迎接新的挑战。

C. 能容忍的弱点:事过境迁，兴趣马上转移。

D. 在团队中的作用：①提出建议，并引入外部信息；②接触持有其他观点的个体或群体；③参加磋商性质的活动。

▶监督员 ME（ Monitor Uator）

A. 典型特征:清醒;理智;谨慎。

B. 积极特性:判断力强;分辨力强;讲求实际。

C. 能容忍的弱点:缺乏鼓动和激发他人的能力；自己也不容易被别人鼓动和激发。

D. 在团队中的作用：①分析问题和情景；②对繁杂的材料予以简化，并澄清模糊不清的问题；③对他人的判断和作用做出评价。

▶凝聚者 TW（Team Worker）

A. 典型特征:擅长人际交往;温和;敏感。

B. 积极特性:有适应周围环境及人的能力；能促进团队的合作。

C. 能容忍的弱点:在危急时刻往往优柔寡断。

D. 在团队中的作用：①给予他人支持，并帮助别人；②打破讨论中的沉默；③采取行动扭转或克服团队中的分歧。

▶完美主义者 FI（Finisher）

A. 典型特征：勤奋有序；认真；有紧迫感。

B. 积极特性:理想主义者；追求完美；持之以恒。

C. 能容忍的弱点:常常拘泥于细节；容易焦虑，有紧迫感；不洒脱。

D. 在团队中的作用：①强调任务的目标要求和活动日程表；②在方案中寻找并指出错误、遗漏和被忽视的内容；③刺激其他人参加活动，并促使团队成员产生时间紧迫的感觉。

参考文献

[1] 达夫特. 领导学 [M]. 苏保忠，苏晓雨，译. 6 版. 北京：清华大学出版社，2018.

[2] 库泽斯，波斯纳. 领导力：如何在组织中成就卓越 [M]. 徐中，沈小滨，译. 6 版. 北京：电子工业出版社，2018.

[3] 伯恩斯. 领导学 [M]. 常健，译. 北京：中国人民大学出版社，2013.

[4] 克雷纳，狄洛夫. 领导力的本质 [M]. 葛志宏，孟丽，译. 北京：中国人民大学出版社，2017.

[5] 诺思豪斯. 领导学导论 [M]. 吴荣先，译. 3 版. 北京：商务印书馆，2018.

[6] 尤克尔. 领导学 [M]. 朱舟，译. 8 版. 北京：机械工业出版社，2017.

[7] 哈格斯，吉纳特，柯菲. 领导学：在实践中提升领导力 [M]. 朱舟，译. 8 版. 北京：机械工业出版社，2016.

[8] 麦克拉克伦，米格. 真正领导者：团队领导的自我修养 [M]. 沈旖婷，译. 上海：东方出版中心，2018.

[9] 诺思豪斯. 卓越领导力：十种经典领导模式 [M]. 王力行，译. 北京：中国轻工业出版社，2003.

[10] 考米维斯，卢卡斯，麦克玛淇，等. 大学生领导力 [M]. 马龙海，译. 3 版. 北京：中国人民大学出版社，2016.

[11] 王乐夫. 领导学：理论、实践与方法［M］. 4 版. 北京：高等教育出版社，2016.

[12] 张一驰. 哈佛：最受欢迎的管理课［M］. 北京：中国商业出版社，2013.

[13] 樊登. 可复制的领导力［M］. 北京：中信出版集团，2018.

[14] 马托尼. 领导力核能［M］. 凌波，译. 北京：北京联合出版公司，2017.

[15] 赵海男. 管理中的心理学［M］. 北京：清华大学出版社，2011.

[16] 查兰，德罗特. 领导梯队：全面打造领导力驱动型公司［M］. 徐中，林嵩，雷静，译. 2 版. 北京：机械工业出版社，2015.

[17] 范逢春. 管理心理学［M］. 成都：四川大学出版社，2013.

[18] 德鲁克. 卓有成效的管理者［M］. 许是祥，译. 北京：机械工业出版社，2014.

[19] 阴军莉，谢伟. 大学生职业生涯规划［M］. 北京：北京工业大学出版社，2019.

[20] 樊富珉. 青年心理健康十五讲［M］. 北京：北京大学出版社，2007.

[21] 罗宾斯，贾奇. 组织行为学［M］. 孙健敏，李原，黄小勇，译. 12 版. 北京：中国人民大学出版社，2008.

[22] 刘宏，高丽君. 管理心理学［M］. 北京：清华大学出版社，2011.

[23] 韦志中. 大学生心理健康教育［M］. 北京：中国轻工业出版社，2015.

[24] 杨思卓. 六维领导力［M］. 北京：北京大学出版社，2008.

[25] 柯林斯. 从优秀到卓越［M］. 俞利军，译. 北京：中信出版社，2008.

[26] 西奥迪尼. 影响力［M］. 闾佳，译. 北京：中国人民大学出版社，2006.

[27] 叶琳琳. 大学生心理健康教育与心理素质训练［M］. 北京：北京师范大学出版社，2013.

[28] 塞利格曼. 认识自己，接纳自己［M］. 任俊，译. 沈阳：北方联合出版

传媒股份有限公司，2010.

[29] 伯格，约翰斯顿. 领导力思维：可复制的领导力转型关键 [M]. 洪云，贾璐瑶，译. 北京：中国友谊出版公司，2018.

[30] 余世维. 管理者情商 [M]. 北京：北京大学出版社，2007.

[31] 商磊. 管理心理学：实战管理中的心理战术 [M]. 北京：中国法制出版社，2014.

[32] 戈尔曼. 情感智商 [M]. 耿文秀，查波，译. 上海：上海科学技术出版社，1998.

[33] 乐国安. 领导干部心灵智慧 [M]. 合肥：安徽人民出版社，2008.

[34] 刘永芳. 管理心理学 [M]. 北京：清华大学出版社，2008.

[35] 明道. 乔布斯传 [M]. 北京：中国华侨出版社，2015.

[36] 艾萨克森. 史蒂夫·乔布斯传 [M]. 管延圻，魏群，余倩，等译. 北京：中信出版社，2014.

[37] 易生俊. 华为时间管理法 [M]. 北京：电子工业出版社，2016.

[38] 边慧敏. 大学生领导力提升 [M]. 成都：西南财经大学出版社，2012.

[39] 胡礼祥. 大学生领导力扩展与训练 [M]. 杭州：浙江大学出版社，2011.

[40] 兰德尔. 时间管理：如何充分利用你的 24 小时 [M]. 舒建广，译. 上海：上海交通大学出版社，2012.

[41] 曾国藩. 曾国藩家书 [M]. 张雪健，译. 北京：中国言实出版社，2018.

[42] 翁文艳. 大学生领导力开发现状与途径 [J]. 当代青年研究，2011 (03).

[43] 路杰. 从价值观提升领导力 [J]. 领导科学，2011 (01).

[44] 吴坚. 当代中国语境下青年领导力修炼方向与策略探讨 [J]. 青年学报，2017 (03).

[45] 翁文艳. 国际领导力理论的新趋势及其对青年领导力培养的启示 [J].

青年学报，2018（04）.
[46] 刘哲. 青年领导力的培养机制研究 [J]. 芜湖职业技术学院学报，2012（04）.
[47] 邢守润，柳新华. 领导思维定势的负效应与防治途径 [J]. 环渤海经济瞭望，1996（01）.
[48] 朱汉民，吴国荣. 曾国藩的人格理念及其思想文化意义 [J]. 湖南大学学报(社会科学版)，2007（02）.
[49] 程涵，夏高艳. 大学生身体素质影响因素及对策 [J]. 管理观察，2018（15）.
[50] 邢守润. 怒不兴军，愠不致战：从刘备彝陵之败看领导者心理素质 [J]. 中国行政管理，1996（02）.
[51] 菲德勒，加西亚. 领导效能新论 [M]. 何威，兰桦，冯州龙，等译. 北京：三联书店，1989.
[52] 钱皮. 改革管理：新的领导使命 [M]. 杨宁光，译. 上海：上海译文出版社，1998.
[53] 胡冶岩. 行政领导 [M]. 北京：国家行政学院出版社，2012.
[54] 梁仲明. 领导学通论：理论与实践 [M]. 2 版. 北京：北京大学出版社，2013.
[55] 刘建军. 领导学原理：科学与艺术 [M]. 上海：复旦大学出版社，2001.
[56] 邱霈恩. 领导学 [M]. 2 版. 北京：中国人民大学出版社，2008.
[57] 全国干部培训教材编审指导委员会. 领导力与领导艺术 [Z]. 北京：党建读物出版社，人民出版社，2015.
[58] 谭劲松，陈国治. 现代领导方法与领导艺术 [M]. 杭州：浙江大学出版社，2011.

[59] 王乐夫. 现代领导科学［M］. 广州：中山大学出版社，1992.

[60] 吴晓波. 腾讯传：1998—2016：中国互联网公司进化论［M］. 杭州：浙江大学出版社，2017.

[61] 吴晓波. 大败局 I、II［M］. 修订本. 杭州：浙江大学出版社，2018.

[62] KURATKO D F, AUDRETSCH D B. Strategic entrepreneurship: Exploring different perspectives of an emerging concept［J］. Entrepreneurship Theory and Practice, 2009, 33(1): 1-17.

[63] KIRKPATICK S A, LOCKE E A. Leadership: Do traits matter?［J］. Academy of Management Executive, 1991, 5(2): 48-60.

[64] YUKL G. Leadership in organizations (7th ed.)［M］. Upper Saddle River: Prentice Hall, 2010.

[65] GARZIA D. The personalization of politics in Western democracies: Causes and consequences on leader-follower relationships［J］. The Leadership Quarterly, 2011, 22(4): 697-709.

[66] XU L, FU P, XI Y, et al. Adding dynamics to a static theory: how leader traits evolve and how they are expressed［J］. The Leadership Quarterly, 2014, 25(6): 1095-1119.

[67] 徐立国，席酉民，郭菊娥，等. 社会化过程中领导特质的类型及其形成与关系研究［J］. 南开管理评论，2016，19(3)：51-63.

[68] ZACCARO S J. Trait-based perspectives of leadership［J］. American Psychologist, 2007, 62(1): 6-16.

[69] 徐立国，席酉民，葛京，等. 中国本土领导研究的一种框架及操作：基于张瑞敏个案的研究过程示例［J］. 管理学报，2012，9(10)：1430-1438.

[70] BURNS J M. leadership［M］. New York: Harper & Row, 1978.

[71] GIBB C A. The principles and individuals differences of leadership［J］.

Journal of Abnormal and Social Psychology, 1990, 42(4):267-284.

[72] STOGDILL R M. Personal factors associated with leadership: A survey of the literature [J]. Journal of Psychology, 1948, 25(1):35-71.

[73] GHISELLI E E. Exploration in managerial talent [M]. New York: McGraw-Hill, 1971.

[74] LIKERI R. New patterns of management [M]. New York: McGraw-Hill, 1961.

[75] BLAKE R R, MOUTON J S. The managerial grid [M]. Houston: Gulf Publishing Co, 1964.

[76] FIEDLER F E. A theory of leadership effectiveness [M]. New York: McGraw-Hill, 1967.

[77] BASS B M. Leadership beyond expectations [M]. New York: Free Press, 1985.

[78] BRYMAN A. Charisma and leadership in organizations [M]. London: Sage, 1992.

[79] FORD J. Examining leadership through critical feminist readings [J]. Journal of Health Organzation and Management,2005, 19 (3): 236-251.

[80] 孟建平，霍国庆. 领导理论丛林与领导学科的发展 [J]. 科学学与科学技术管理，2008,29 (3): 160-166.

[81] 韩巍，席酉民. 不确定性：支配权：本土化领导理论:和谐管理理论的视角 [J]. 西安交通大学学报(社会科学版)，2009，29(5): 7-17.

[82] WEINER N M, THOMAS A. A Model of Corporate Performance as a Function of Environmental,Organizational, and Leadership Influences [J]. Academy of Management Journal,1981,24(3):453-461.

[83] GALTON F. Hereditary genius [M]. New York: Appleton, 1869.

[84] KASSIN S. Psychology Pearson [M] . London: Prentice Hall, 2003.

[85] ZACCARO S J, KEMP C, BADER P. Leader traits and attributes [M] // ANTONAKIS J, CIANCIOLO A T, STERNBERG R J. The nature of leadership. Thousand Oaks: Sage, 2004.

[86] BIRD C. Social Psychology [M] . New York: Appleton-Century. 1940.

[87] YUKL G, VAN FLEET D D. Theory and research on leadership in organizations [M] // HOUGH L M. Handbook of industrial and organizational psychology. Palo Alto: Consulting Psychologists Press, 1992.

[88] HOGAN R, CURPHY G J, HOGAN J. What we know about leadership: Effectiveness and personality [J] . American psychologist, 1994.

[89] NORTHOUSE P G. Leadership: Theory and practice [M] . Thousand Oaks: Sage, 2012.

[90] GOLDBERG L R. An alternative "description of personality" : the big-five factor structure [J] . Journal of personality and social psychology, 1990, 59 (6): 1216-1229.

[91] JUDGE T A, PICCOLO R F, KOSALKA T. The bright and dark sides of leader traits: A review and theoretical extension of the leader trait paradigm [J] . The Leadership Quarterly, 2009,20(6): 855-875.

[92] BLOCK J. Millennial contrarianism: The five-factor approach to personality description 5 years later [J] . Journal of Research in personality, 2001, 35 (1): 98-107.

[93] MCADAMS D P. The Five-Factor model in personality: A critical appraisal [J] . Journal of personality, 1992,60(2): 329-361.

[94] SALGADO J F. The Five Factor Model of personality and job performance in the European Community [J] . Journal of applied psychology, 1997, 82

(1): 30-43.

[95] JUDGE T A, BONO J E, ILIES R, et al. Personality and leadership: a qualitative and quantitative review [J]. Journal of applied psychology, 2002, 87(4): 765-780.

[96] CAPPELLI P, SHERER P D. The missing role of context in OB-the need for a meso-level approach [J]. Research in organizational behavior, 1991, 13(1): 55-110.

[97] MOWDAY R T, SUTTON R I. Organizational behavior: Linking individuals and groups to organizational contexts [J]. Annual Review of Psychology, 1993, 44(1): 195-229.

[98] JOHNS G. The essential impact of context on organizational behavior [J]. Academy of Management Review, 2006, 31(2): 386-408.

[99] DIENER E, LARSEN R J, EMMONS R A. Person × Situation interactions: Choice of situations and congruence response models [J]. Journal of personality and social psychology, 1984, 47 (3): 580-592.

[100] KENRICK D T, FUNDER D C. Profiting from controversy: Lessons from the person - situation debate [J]. American psychologist, 1988, 43 (1): 23-34.

[101] LIDEN R' C, ANTONAKIS J. Considering context in psychological leadership research [J]. Human Relations, 2009, 62(11): 1587-1605.

[102] 席酉民，韩巍. 中国管理学界的困境和出路：本土化领导研究思考的启示 [J]. 西安交通大学学报（社会科学版），2010, 30(2): 32-39.

后　记

任何事物都有其属性、个性与特征。每个人、每个组织都有各自不同的领导力，这充分体现在各自的责任、使命、价值、未来、团队、格局、战略、发展及最终目标中。而领导力的培养离不开人性、组织性、社会性、系统性、成长性和创新性等属性，其塑造基石是生命力、整合力和创造力。

思想活跃，创造性强，接受了高等教育的青年人，自身恰巧具备这样的思想基石，从而使得领导力的培养成为更加持久和有效的成长助力。通过领导力的培养，青年人可以通过自我剖析、把握机遇、克服危机与挫折、强调再学习再出发，提升自身的社会引领力，是每个人、每个团队、每个单位成长、发展的必经之路。

近年来，国内关于大学生领导力的学术研究日趋活跃，不少高校在就业工作中也有针对大学生领导力提升的课程或实践活动。但是，整体把青年领导力教育与实践纳入高校的教学与人才培养体系，还处于空白状态。如何把领导力教育培养与青年大学生不同阶段的成长需求结合起来，是高等教育工作者的重要研究课题之一。

2016 年 6 月 3 日下午，西安交通大学发起成立丝路青年领导力研究中心，旨在围绕立德树人的根本任务，以理论与实践为导向，就培养青年领导力、创新力等前沿领域开展研究与开发。2017 年 7 月 7 日，西安交通大学丝路青年领导力研究中心与西安交通大学校友智库的部分校友共同提出在母校设立“大学生青年领导力教育”的研究课题。2018 年 1 月 11 日，首次“大学生青年领导力产教合作与人才培养研讨会”在西安交通大学顺利举办。大家一致认为：大学培养具有人文精神和卓越领导力的创新型人才，意义非常重大，应尽快着手落实。2018 年 6 月 19 日，“大学生青年领导力产教合作与人才培养研讨会”第二次会议举办，会议达成针对在校大学生的通识教育，优先开发青年领导力教材和推动青年领导力课程落地。经过课题组的共同努力，2019 年 2 月，《青年领导力》教材的调研、规划、编写工作正式启动。

经过编委会全体编委两年的努力，前后十版的修改，该教材终于付梓。该教材由校友企业西安西交智谷创业研究院有限公司参与策划并提供前期经费支持，在此深表感谢。在教材撰写与出版过程中，还有很多其他老师和校友参与，姓名未能一一列出，在此一并感谢。

由于时间关系，本教材的专业研究尚需加强。特别是来自于交大校友的领导力实践案例未能及时编入教材，我们将在教学环节中进行补充，并择时出版《青年领导力案例专集》。在此向读者表示歉意。教材不足或错误之处，敬请大家给予指正。

这个世界上有三种人：让事情发生的人，看着事情发生的人，不明白发生了什么事情的人。相信大家都愿意成为让事情发生的人，有志气，能担当；有毅力，能吃苦；有思想，能创新；有格局，能超越。此句，与诸位共勉。

愿我校友，饮水思源，

祝我母校，为世界之光。

《青年领导力》编委会

2021 年 6 月 18 日